작은
물고기가

바다를
지배하는

마케팅

JN412847

공동체 살리는 시리즈

함께 살아간다는 것. 마음을 모아 혼자만의 경험이 아닌, 우리의 경험을 모아내기만 한다면 가능합니다. 삶을 쏟아 붓는 특정한 이슈는 공동체를 만드는 좋은 씨앗입니다. 환경, 교육, 예술, 문화 등 '공동체 살리는 시리즈'는 공동체를 다시 일구는 든든한 디딤돌이 되겠습니다.

작은 물고기가 바다를 지배하는 마케팅

초판1쇄 발행
2025년 10월 31일

지은이
김창렬, 박경임, 곽경덕
앙코르브라보노
사회적협동조합

펴낸이
김태영

펴낸곳
씽크스마트 책짓는 집

주소
경기도 고양시 덕양구
청초로 66
덕은리버워크 B-1403호

전화
02-323-5609

출판사 등록번호
제395-313000025
1002001000106.호.

ISBN
978-89-6529-470-2 (03300)

정가
18,000원

ⓒ 김창렬, 박성임, 곽경덕

이 책을 만든 사람들

책임편집
김무영

편집
신재혁

홈페이지
www.tsbook.co.kr
인스타그램
@thinksmart.official
이메일
thinksmart@kakao.com

• **씽크스마트** 더 큰 생각으로 통하는 길

'더 큰 생각으로 통하는 길' 위에서 삶의 지혜를 모아 '인문교양, 자기계발, 자녀교육, 어린이 교양·학습, 정치사회, 취미생활' 등 다양한 분야의 도서를 출간합니다. 바람직한 교육관을 세우고 나다움의 힘을 기르며, 세상에서 소외된 부분을 바라봅니다. 첫 원고부터 책의 완성까지 늘 시대를 읽는 기획으로 책을 만들어, 넓고 깊은 생각으로 세상을 살아갈 수 있는 힘을 드리고자 합니다.

• **도서출판 큐** 더 쓸모 있는 책을 만나다

도서출판 큐는 울퉁불퉁한 현실에서 만나는 다양한 질문과 고민에 답하고자 만든 실용교양 임프린트입니다. 새로운 작가와 독자를 개척하며, 변화하는 세상 속에서 책의 쓸모를 키워갑니다. 흥겹게 춤추듯 시대의 변화에 맞는 '더 쓸모 있는 책'을 만들겠습니다.

자신만의 생각이나 이야기를 펼치고 싶은 당신. 책으로 사람들에게 전하고 싶은 아이디어나 원고를 메일(thinksmart@kakao.com)로 보내주세요. 씽크스마트는 당신의 소중한 원고를 기다리고 있습니다.

작은 물고기가 바다를 지배하는 마케팅

앙코르브라보노 사회적협동조합
김창렬, 박경임, 곽경덕 지음

함께 성장하는 길을 찾아온 10년!

　우리의 시작은 단순했습니다. 평생을 쌓아온 경험과 역량이 사라지지 않고, 도움이 필요한 누군가에게 가치를 더하는 일이 지속되도록 하고 싶었습니다.

　이렇게 조그만 소망으로 시작한 지 10년! 우리의 일들은 시니어의 인생 2막을 설계하는 '시니어 인턴십 프로그램'으로, 사회적경제 기업의 활성화를 도와주는 '사회적기업 성장 지원사업'으로, 쇠퇴하고 있는 지역사회를 되살리는 '지역 생활인구 활성화 지원사업' 등으로 자리잡았습니다.

　앙코르브라보노 사회적협동조합 10년의 여정에는 '서울시 50플러스재단', '한국사회적기업진흥원', '㈜한국마이크로크레디트 신나는조합', '산은 나눔재단', '㈜함께 만드는 세상/사회연대은행', 남원시와 고양시 등 지방자치단체가 함께 하여 우리의 꿈이 이루어질 수 있도록 도움을 주셨습니다.

특히 2019년도부터 '산은 나눔재단' 그리고 '㈜사회적경제 활성화지원센터'와 함께 「사회적경제기업 고용인프라 지원사업」을 진행하면서, 기업들에게 성장지원 멘토링을 수행한 일은 우리 조합의 사회적경제기업 지원 활동의 전환점이 되었습니다.

성장지원 멘토링을 통해 수많은 기업들을 직접 만나며 가장 많이 들었던 것은 마케팅의 필요성과 어려움이었습니다.

좋은 제품과 서비스를 갖고도 알리지 못해 고군분투하거나, 몸에 맞지 않는 큰 기업의 방식을 따라가느라 힘들어하는 모습을 보며 안타까운 마음이 컸습니다.

이 책에는 지난 10년간 현장에서 만난 기업인들과 나눈 고민, 함께했던 시도, 그리고 성장의 과정이 담겨 있습니다. 또 우리 조합 설립 10주년을 기념하여, 지난 10년간 현장에서 부딪히며 쌓아온 경험을 담은 작은 결과물입니다.

모쪼록 이 책이 작은 기업에게 실질적인 도움이 되고, 함께 길을 찾는 든든한 안내서가 되기를 희망합니다.

2025년 10월
앙코르브라보노 사회적협동조합
이사장 박경임

앙코르브라보노 사회적협동조합
홈페이지: www.encorebravono.com
이메일: encorebravono@gmail.com

소기업의 목표와 전략 수립에 대해

기업의 세계에는 대기업부터 1인기업까지 여러 형태의 기업들이 존재하지만, 세계 일류 대기업도 처음엔 보잘것없는 조그만 소기업부터 출발했다는 것만큼은 분명한 사실입니다. 오늘 이 시간에도 많은 기업이 일류 기업으로 도약하기 위해 매진하고 있으며, 또한 창업의 부푼 꿈을 안고 성공적인 시장 진입을 위해 골몰하고 있는 예비 창업가들도 많이 있습니다.

수많은 소규모 후발 기업 가운데 모든 기업이 다 성공할 수는 없습니다. 10년, 20년, 30년 후 더 크고 훌륭한 기업으로 성장하기 위해서는 어떤 조건들이 필요할까요? 대표의 열정과 불굴의 정신만 있으면 될까요? 티끌 모아태산이 된다는 말처럼 조금씩 조금씩 노력하다 보면 언젠간 큰 기업으로 성장할 수 있을까요?

새롭게 사업을 시작한 소규모 기업은 대부분 재정적으로나 인적 자원, 그리고 경험이라는 측면에서 매우 취약한 상태에 놓여 있습니다. 그래서 대표 혼자 북 치고 장구 치며 일인 다역을 하는 경우가 비일비재합니다. 그러다 보면 시간적, 환경적인 제약에 쫓겨 눈앞에 닥친 긴급한 현안 처리에만 급급하여 정작 중요한 부분은 놓치게 됩니다.

　　소규모 기업들은 대부분 다음과 같은 이유로 마케팅 전략을 수립하고 그 전략에 따라 일을 수행하는 것 자체를 꺼리거나 후 순위로 미루어 두기도 합니다. '우리 회사는 전략 수립할 시간도 사람도 없다, 규모가 더 커진 다음에 해도 절대 늦지 않다, 대표 머릿속에 다 들어 있다, 그럴 시간 있으면 물건 하나라도 더 팔겠다, 제품만 좋으면 물건은 알아서 팔린다.' 등등의 이유로 말이죠.

　　그러나 아무리 작은 기업이라 하더라도 목표도 전략도 없이 대표 혼자만의 의지와 생각만으로 성장해 나갈 수 있을까요? 전략이 있는 기업과 없는 기업 간에는 분명히 차이가 존재하지 않을까요? 그 대답은 당연히 아무리 작은 소규모 기업이라 할지라도 목표와 전략이 있어야 제대로 성장할 수 있다는 것입니다. 그 이유는 무엇일까요?

첫 번째 이유는 지금 가고 있는 길이 **맞는 방향인지 아닌지를 판단**할 수 있게 해줍니다. 밤잠을 설쳐가며 아무리 일을 열심히 해도 그 일이 엉뚱한 방향으로 가고 있다면 그것은 시간 낭비일 뿐, 차라리 안 하는 것만 못합니다. 기업 성장의 잣대는 얼마나 열심히 하느냐도 중요하지만, 더욱 중요한 것은 제대로 방향을 잡고 일을 하고 있느냐입니다. 기업이 마케팅 전략을 수립해 운영하고 있다면 지금 하는 일이 기업의 목표 및 전략과 일치하는지를 수시로 점검해 볼 수 있고, 만약 차이가 있다면 즉시 수정할 수도 있습니다.

두 번째 이유는 지금 **목표 대비 어느 정도 수준에 도달해 있는지**를 알 수 있게 해줍니다. 목표와 전략이 없다면 지금 하는 일이 어느 정도 수준에 와 있고, 앞으로 얼마나 더 해야만 목표에 도달할 수 있는지를 알 수 없습니다. 등산할 때 얼미니 더 가야 정싱인지를 모른다면 매우 답답하고 기운 빠지는 것과 마찬가지일 것입니다. 목표 달성이 계획보다 늦었다면 더 속도를 내기도 하고, 부족한 부분이 있다면 서로 균형을 맞추어 보완해 갈 수도 있게 해줍니다.

세 번째 이유는 기업 구성원의 **목표 의식과 주인의식을 고취**할 수 있습니다. 기업의 운영에서 조직 구성원이 얼마나 일관된 방향으로 움직여 주는가는 매우 중요합니다. 대표와 직원이 서로 다른 생각을 가지고 일을 하고 있다고 생각해 보십시오. 그 결과는 불을 보듯 뻔합니다. 그래서 기업이 세운 마케팅 전략은 전 직원을 한 방향으로 움직일 수 있도록 하는 데 필수적인 요소일 뿐만 아니라 구성원들에게 성취동기를 불러일으키는 매우 중요한 부분입니다.

네 번째 이유는 기업의 **자원을 합리적으로 배분하여 사용**할 수 있게 해줍니다. 마케팅 전략이 없다면 가뜩이나 부족한 자원을 언제 어디에 얼마나 사용해야 할지 몰라 자원을 낭비할 위험이 큽니다. 목표와 전략이 명확하다면 자원 투입의 우선순위와 비중을 정할 수 있으므로 한정된 자원을 효율적으로 배분하여 사용할 수 있게 됩니다.

그 외에도 단계적인 목표를 세울 수 있는 장점이 있고, 고객과 경쟁사에 대한 체계적인 분석으로 한층 고차원적인 시장 접근이 가능하며, 전략에 따른 내부 평가 기준이 마련되어 체계적인 평가 시스템을 구축할 수 있는 등 여러 가지 장점이 있습니다.

마케팅 전략이 이렇게 여러 가지 장점을 가지고 있다는 건 알겠는데, 그렇다면 마케팅 전략은 도대체 어떻게 수립해야 하는 건가요? 당연히 이런 질문이 뒤따라 나와야 합니다. 이 책은 바로 그 질문에 해답을 드리기 위해 준비되었습니다. 이 책을 통해 마케팅을 모르는 그 누구라도 마케팅을 쉽게 이해할 수 있고, 또 스스로 마케팅 전략을 세워볼 수 있도록 도움을 주는 실전용 책을 만들어 보겠다는 생각으로 시작했습니다.

소규모 후발 기업의 대표 또는 경영자를 대상으로 되도록 쉽게 설명하려고 노력하였으며, 소규모 기업의 사례도 많이 보여 드리고자 애썼습니다. 그러나 여전히 마음에 들지 않은 부분이 많이 있어, 앞으로 더 많은 사례 발굴과 더불어 내용도 보강하여 지속적으로 보완해 나갈 예정입니다.

지금 이 순간에도 성공적인 기업 운영을 위해 고민하시는 소규모 후발 기업의 대표님들이 이 책을 통하여 큰 기업으로 또 좋은 기업으로 성장할 수 있는 계기를 마련했으면 하는 바람을 담아, 대한민국의 모든 소기업 대표님들께 이 책을 바칩니다.

김창렬, 박경임, 곽경덕

CONTENTS

인사말 | 함께 성장하는 길을 찾아온 10년! ⋯⋯⋯⋯⋯ 4

머리말 | 소기업의 목표와 전략 수립에 대해 ⋯⋯⋯⋯ 7

제1장
우리를 둘러싼 환경 속에 답이 있다

환경은 생각보다 빨리 변한다 ⋯⋯⋯⋯⋯⋯⋯⋯⋯ 18

많은 것을 생각하게 해주는 3C 분석 ⋯⋯⋯⋯⋯⋯ 22

전략 수립의 나침반 SWOT 분석 ⋯⋯⋯⋯⋯⋯⋯ 24

환경을 분석해 보면 해결해야 할 과제가 보인다 ⋯⋯ 27

제2장
고객 관점에서 바라보기

고객 관점에서 사업의 본질을 재정의하라 ⋯⋯⋯⋯ 32

마케팅은 제품의 싸움이 아니라 인식의 싸움이다 ⋯⋯ 37

Fast Follower의 시대는 갔다 ⋯⋯⋯⋯⋯⋯⋯⋯ 41

마인드 혁신이 성공의 출발점이다 ⋯⋯⋯⋯⋯⋯⋯ 43

고객 관점에서 가치와 혜택을 찾아라 ⋯⋯⋯⋯⋯⋯ 45

가치에 스토리와 감정을 입혀라 ⋯⋯⋯⋯⋯⋯⋯⋯ 47

> 제3장

시장을 세분화하면 고객이 보인다

도대체 시장이란 무엇일까? 52

라이프스타일로 시장을 쪼개라 56

매력적인 세분 시장을 찾아라 60

시장세분화는 마케팅의 시작이다 66

> 제4장

목표 고객을 묘사하라

목표 고객은 구체적일수록 좋다 70

고객을 인구통계학적으로만 정의하는 데는 한계가 있다 71

목표 고객의 페르소나를 그려 보자 74

목표 고객에게 확실한 가치와 혜택을 약속하라 82

제5장
게임의 룰을 바꿔라

싸움의 장을 옮겨라 ⋯⋯⋯⋯⋯⋯⋯⋯⋯⋯⋯⋯⋯ 88

새로운 경쟁의 축을 찾아라 ⋯⋯⋯⋯⋯⋯⋯⋯⋯ 91

포지셔닝으로 새로운 시장을 만들어라 ⋯⋯⋯⋯ 95

포지셔닝 맵 그리기 ⋯⋯⋯⋯⋯⋯⋯⋯⋯⋯⋯⋯⋯ 98

포지셔닝 선언문 작성하기 ⋯⋯⋯⋯⋯⋯⋯⋯⋯⋯ 104

제6장
컨셉은 브랜드의 이정표

끌어당기는 힘이 있는 컨셉 만들기 ⋯⋯⋯⋯⋯⋯ 108

차별화된 가치와 혜택을 담아라 ⋯⋯⋯⋯⋯⋯⋯⋯ 110

망하는 컨셉을 피하고 성공하는 컨셉 만들기 ⋯⋯ 112

작은 기업만의 경쟁력 있는 컨셉 만들기 ⋯⋯⋯⋯ 118

제7장

모든 비즈니스는 브랜드로 귀결된다

브랜딩은 고객과의 약속을 지켜나가는 과정이다 · · · · · · · · · · · 126

컨셉과 동일 선상에서 네이밍하라 · · · · · · · · · · · · · · · · · · · 129

감성으로 공감대를 형성하라 · 131

모든 고객 접점을 일관성있게 관리하라 · · · · · · · · · · · · · · · · 135

제8장

사회적 가치로 지속가능성 담보하기

ESG를 장착하라 · 140

업의 본질에 사회적가치를 담아라 · · · · · · · · · · · · · · · · · · · 143

사회적 가치와 기업의 영속성은 동시에 이룰 수 있다 · · · · · 147

제9장

환경 변화에 대응하는 소기업의 성공전략

최근 트렌드 변화의 다섯 가지 특징 · · · · · · · · · · · · · · · · · · 156

트렌드 변화에 대응하는 소기업의 전략 · · · · · · · · · · · · · · · 159

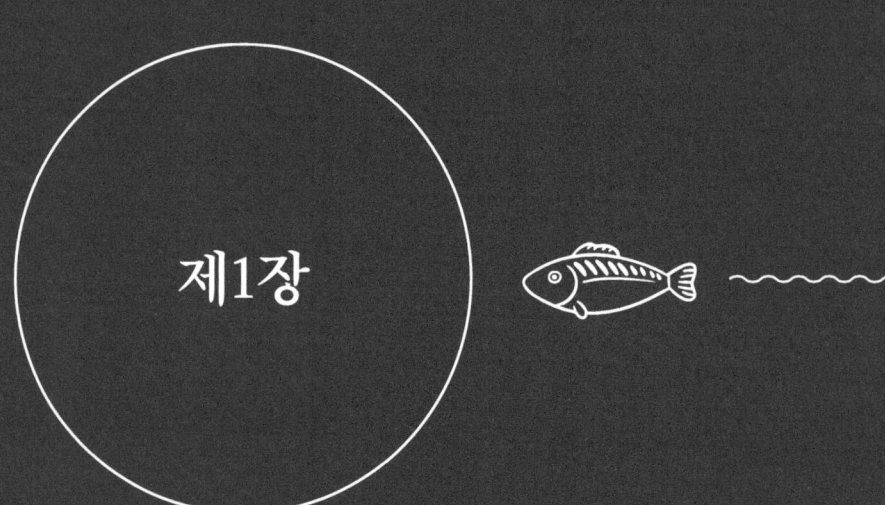

제1장

우리를 둘러싼
환경 속에
답이 있다

환경은 생각보다 빨리 변한다

"우리 제품 진짜 좋은데… 왜 안 팔리죠?"

"너무 바쁘게만 살다 보니, 지금 잘하고 있는지도 잘 모르겠어요."

"패기 하나로 시작했는데, 점점 더 사업하는 게 어려워요."

사업을 시작한 후 밤낮없이 뛰어다니는 소규모 스타트업 대표들을 만나면 자주 듣게 되는 이야기들이다. 이 말들을 정리 해보자면, 좋은 아이디어 하나로 제품을 만들어 야심 차게 사업을 시작했으나 막상 시작해 보니 고객은 생각처럼 호락호락하지도 않을뿐더러, 고객이 어떤 생각을 하고 있는지도 잘 모르겠고, 또 어떤 목표를 가지고 어떤 방향으로 나가야 할지도 막막하다는 이야기로 모아진다. 결국 이 말은 사업을 시작하기 전에 시장에 대한 철저한 분석과 전략 수립이 미흡했다는 말과 다름이 없다.

단 며칠간 여행을 떠날 때조차 우리는 사전에 정보를 수집하고, 어디서 무엇을 할지, 무엇을 먹고 어디서 잘지를 정하는 등 일정별 계획을 세우고, 비용을 예측해 보고, 준비물을 챙긴다. 그런데 여행보다 훨씬 더 중요한 사업을 시작할 때는 오히려 이런 준비에 소홀한 경우가 많다. 사업도 철저한 준비가 필요하다는 것을 모르는 건 아닐 텐데, 도대체 왜 그럴까? 그것은 '우리 제품이나 고객에 대해 나만큼 잘 알고 있는 사람은 없다'라고 생각하는 자기 확신의 오류에 빠져 있기 때문일 수 있다. 나는 과연 고객과 시장에 대해 가장 객관적이고도 가장 정확하게 알고 있을까?

우리를 둘러싸고 있는 환경은 끊임없이 변화하고 있다. 기업은 변화하는 환경을 잘 추적하고 파악하여, 변화에 잘 대응해야만 살아남을 수 있다. 30년 전에 잘나가던 기업이 환경이 바뀐 지금은 어떻게 변화되어 있을까? 그때 상위 리스트에 올랐던 기업 가운데 지금도 그 이름을 상위에 올리고 있는 기업은 얼마나 될까?

<표 1-1> 포춘지 선정 글로벌 10대 기업 비교

	1990년	2024년
1위	제네럴 모터스(GM)	월마트
2위	엑손(Exxon)	아마존
3위	포드 자동차	State Grid
4위	IBM	Saudi Aramco
5위	Royal Dutch Shell	시노펙(Sinopec)
6위	Mobil	중국석유공사
7위	British Petroleum (BP)	애플
8위	토요타 자동차	United Health Group
9위	제너럴 일렉트릭 (GE)	Berkshire Hathaway
10위	텍사코	CVS Health

　　1990년과 2024년 포춘지 선정 글로벌 기업 순위를 보면 그 변화를 매우 극명하게 볼 수 있다. 1990년에는 자동차회사와 석유 화학회사 그리고 컴퓨터 및 전자제품 제조회사 등 10대 기업에는 모두 제조업이 포진해 있었다. 그러나 약 30여년 후인 2024년도의 순위를 보면 온오프라인 유통회사가 1, 2위를 차지하고 있고, 에너지 관련 회사가 큰 비중을 차지하고 있으며 헬스케어 관련 회사가 약진하고 있는 것을 알 수 있다. 더더욱 놀라운 것은 1990년도 10대 기업 중 2024년도에도 이름을 올리고 있는 기업은 단 한 군데도 없다는 사실이다. 이것만 보아도 시장에는 엄청난 변화가 일어나고 있다는 것을 피부로 느낄 수

있다. 내로라하는 글로벌 기업도 이렇게 변화가 심한데, 하물며 소규모 로컬기업은 더 말할 필요가 없을 것이다.

더구나 시간이 가면 갈수록 변화의 속도는 더욱더 빨라질 것이란 것은 분명한 사실이다. 우리의 삶의 방식이 변하고 있고, 또 사람들의 생각이 더 다양해지고 있기 때문이다. 과거에는 십인일색(十人一色)이었던 것이 일인일색(一人一色)으로 바뀌었고, 지금은 같은 사람도 여러 가지 다양한 취향을 가지는 일인십색(一人十色)의 시대가 되었다. 앞으로 더 세분되고 더 다양해지리라는 것은 불을 보듯 자명한 일이다. 이것은 바로 급변하는 환경에 얼마나 잘 대처하는가가 기업의 생존에 가장 중요한 변수라는 것을 말해주고 있다.

그러나 급격한 환경 변화가 꼭 기업에 불리한 요소로 작용하지만은 않는다. 환경 변화에 대처하지 못한 기업은 어려움을 겪지만, 오히려 민첩하게 대처할 수 있는 작은 기업에는 기회요인으로 작용할 수도 있다. 그렇다면 환경은 어떻게 변화하고 있고, 또 변화에 대처하는 방법은 어떻게 찾아낼 수 있을까? 환경을 분석할 때 사용하는 방법론은 수도 없이 많다. 학자마다 또 컨설팅 회사마다 각각 다른 분석 방법을 개발하여 사용하고 있고, 전략 수립에 관한 책을 보면 수십 가지의 다양하고 어려운 분석 방법에 대해 구구절절 설명하고 있다.

하지만 시간도 없고 사람도 없고 자금도 부족한 소기업의 입장에서는 어떤 분석 방법을 사용해야 할지도 모르겠고, 더구나 그 방법은 왜 그리 어려운지 손을 댈 엄두가 나지 않아 포기해 버리는 경우도 많다. 여기서는 그동안의 소기업 컨설팅 경험에 비추어, 가장 유용하면서 쉽고 간단히 접근할 수 있는 두 가지 방법인 3C 분석과 SWOT 분석을 소개하고자 한다.

많은 것을 생각하게 해주는 3C 분석

3C 분석은 고객(Customer), 경쟁사(Competitor), 자사(Company)를 핵심 분석 대상으로 삼는다. 평소 고민하고 있던 내용을 어려운 분석 형식에 얽매이지 않고 쉽게 풀어나가면서도 효과적인 결과를 얻을 수 있다. 사업과 직접적인 관련이 있는 부분을 주 분석 대상으로 하므로 매우 현실적이며, 자사를 둘러싼 환경에서부터 외부의 거시적 환경까지도 살펴볼 수 있는 장점이 있다.

3C 분석에 사용하는 질문들을 예로 들면 아래 표와 같은 질문이 효과적일 수 있다. 아래에서 예로 든 질문 외에도 자신의 회사가 처한 상황에 맞는 더 많은 질문을 던지

면 던질수록 빈틈없는 전략을 수립하는데 더 많은 도움을 받을 수 있다. 단 질문들은 한꺼번에 생각해 내려면 잘 나오지 않은 경우가 있으므로 생각날 때마다 기록해 두는 것이 중요하다.

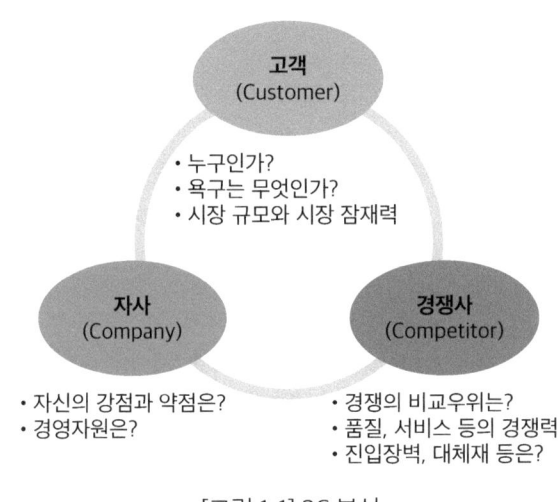

[그림 1-1] 3C 분석

3C 분석의 가장 큰 장점은 우리의 시장을 둘러싸고 있는 많은 환경요소 들을 종합적으로 볼 수 있게 해주고, 이를 바탕으로 전략 방향의 아이디어를 샘솟게 해주는 데 있다. 그러므로 하찮은 것으로 생각해서 버리지 말고 기록해 두면 전략 수립에 요긴하게 쓰일 뿐만 아니라, SWOT 분석을 할 때 소중한 기초가 되기도 한다.

고객	• 우리 제품이나 서비스를 구매할 고객, 즉 목표 고객은 누구인가? • 구매자와 사용자는 각각 다른가? 다르다면 특징은? • 고객들이 원하는 효익은 무엇인가? • 고객들의 제품 구매 단계는? • 고객들은 우리 제품이나 서비스를 어떤 경로로 알게 되는가? • 고객들은 우리 제품이나 서비스에 대해 어떻게 생각하고 있는가? • 목표 시장 크기는 적당한가? • 과거 시장 성장률은? 앞으로 성장 가능성은?
경쟁사	• 경쟁자는 누구이고 어떤 활동을 하고 있는가? • 신규 경쟁자 진입 가능성은 얼마나 되며, 다른 대체 제품이나 서비스는 어떤 것이 있는가? • 경쟁사 제품의 품질이나 경쟁력 수준은? • 경쟁사들의 가격 정책과 마케팅, 홍보 방법은? • 경쟁사들이 강점과 약점은?
자사	• 우리의 강점과 약점은 무엇인가? • 우리가 사용할 수 있는 인적, 재정적 및 기타 자원 현황은? • 우리 제품이나 서비스의 품질, 가격, 디자인, 기능 등의 수준은? • 우리 브랜드의 인지도 및 이미지는? • 자사를 둘러싸고 있는 법적, 제도적, 사회적 환경은?

전략 수립의 나침반 SWOT 분석

　SWOT 분석을 하다 보면 마치 탐험가처럼 지도를 보며 알려지지 않은 미지의 세상을 하나씩 하나씩 발견해 나가는 재미를 맛볼 수 있다. 기업 내부의 강점(Strengths), 약점

(Weaknesses), 기업 외부의 기회(Opportunities), 위협(Threats)요인이라는 네 가지 요인을 조합해 보면 나침반으로 방향을 알 수 있듯이 우리의 전략 방향을 추출 해낼 수 있다.

SWOT 분석은 기업 규모와 관계없이 가장 널리 활용되는 분석 방법 가운데 하나인데, 그 이유는 첫째로 기업 내부요인인 강점과 약점을 객관적으로 평가하고, 시장 외부의 기회와 위협요인을 정확하게 파악하여 대응할 수 있도록 해주기 때문이다. 둘째로 경영전략 및 마케팅 전략 방향을 올바르게 설정할 수 있도록 도와주며, 셋째는 시장에서 경쟁 우위를 확보하고 지속 가능한 성장을 위한 전략을 수립하여 경쟁력을 강화할 수 있도록 해주기 때문이다.

[그림 1-2] SWOT 분석

SWOT 분석은 강점(S), 약점(W), 기회(O), 위협(T)의 네 가지 요인을 채워 넣는 것으로 시작한다. 강점 요인에 들어갈 항목을 예로 든다면 '뛰어난 제품 품질, 독창적인 기술, 탄탄한 고객 기반, 숙련된 인력' 등 기업의 경쟁 우위를 이루는 요소들이 해당하며, 약점 요인 항목에는 '자본 부족, 브랜드 인지도 부족, 경험 부족, 기술 부족' 등 기업의 경쟁력을 약화하는 요인들이 해당한다.

기회요인 항목에는 성장하는 시장, 새로운 기술 등장, 유리한 정책 변화 등 기업의 성장을 촉진하는 외부 환경 변화가 해당한다. 위협요인 항목에는 경쟁 심화, 경기 침체, 규제 강화 등 기업의 성장을 위협하는 외부 환경 변화 요인을 써넣을 수 있다.

<표 1-3> SWOT 분석 작성 (예시)

• 브랜드 인지도 1위 • 기술개발 인력 수준이 높음 • 잠재 고객층의 구매력 높음	S	W	• 주력 제품 품질 수준 저하 • 경쟁사 대비 광고 노출 부족 • 원가 상승으로 이익률 하락
• 지속적인 시장 성장률 • 새로운 기회를 가지고 있는 시장의 출현 • 타겟층 구매력 증가 • 원자재 가격 하락	O	T	• 인구감소로 시장규모 축소 추세 지속 • 신규 경쟁자 출현 • 정부의 환경 규제 강화

<표 1-4> 소규모 후발 디퓨저 업체의 SWOT 분석(예시)

• 고품질 제품: 천연 재료를 사용하여 고품질의 디퓨저를 생산 • 유연한 생산 설비: 소규모 회사로서 고객의 요구에 빠르게 대응할 수 있는 유연한 생산 설비 보유 • 다양한 향 보유로 언제든 시장 변화에 대응 가능	S	W	• 제한된 자원: 마케팅 및 광고 예산 제한적 • 낮은 브랜드 인지도: 아직 구매 고려 대상에 들지 못함 • 규모의 경제 부족: 대량 생산의 이점을 누리지 못하여 생산 비용이 듦 • 유통망 약점: 대형 유통 채널에 대한 접근성 낮음
• 건강 및 웰빙 트렌드: 천연 재료를 사용한 디퓨저에 대한 수요 증가 • 온라인 판매 채널 확대: 전자상거래 플랫폼을 통한 새로운 시장 개척 기회 • 맞춤형 제품: 고객의 취향에 맞춘 맞춤형 디퓨저 제품 제공 가능성	O	T	• 경쟁 심화: 대형 브랜드 및 저가 제품과의 경쟁 • 경제 불확실성: 경제 상황에 따라 소비자의 지출 감소 가능성

┌ 환경을 분석해 보면
해결해야 할
과제가 보인다

SWOT 분석의 내부적 강점과 약점, 외부적 기회와 위협 요인이라는 네 가지 요소는 각각 독립적으로 중요한 인사이트를 던져주기도 하지만, 내부적 요인과 외부적 요인을 서로 결합했을 때 더 강력한 전략을 뽑아낼 수 있다. 결합을 통해서 모두 네 가지 전략을 추출 해낼 수 있는데, 바로

SO 전략, ST 전략, WO 전략, WT 전략이 그것이다. 이렇게 추출된 네 가지 전략 방향 중에서 우리 회사의 실정이나 상황에 가장 적합한 전략을 선택하여 사용할 수 있다. 그러면 지금부터 네 가지 전략 유형에 대해 알아보자.

첫 번째는 SO 전략(Strengths-Opportunities Strate-gies)이다. 이 전략은 기업의 강점(Strengths)을 기반으로 시장에서 발생하는 기회(Opportunities)를 활용한다. 예를 들어 '우리의 강력한 IT 기술력을 바탕으로 신제품을 개발하여 성장하고 있는 시장인 대학생층을 신규 개척'한다는 전략을 수립할 수 있다.

두 번째는 ST 전략 (Strengths-Threats Strategies)으로, 기업의 강점(Strengths)을 활용하여 외부 위협(Threats)요인을 적극 타개해 나가는 전략이다. 예를 들면 '우리 회사가 보유한 우수 R&D 인력을 활용하여 고가 하이엔드 제품을 출시함으로써 해외 유명 브랜드 유입에 대응'하겠다는 전략을 세울 수 있을 것이다.

세 번째는 WO 전략 (Weaknesses-Opportunities Strategies)이다. 이 전략은 우리의 약점(Weaknesses)을 보완함으로써 시장에서 새롭게 나타나는 기회 요인(Opportunities)을 포착한다. 예를 들면 '경쟁 대비 열악한 디자인을 개선하여 최근 떠오르는 신흥 고소득층 시장 공략'과 같은 전략을 수립할 수 있다.

마지막으로 WT 전략 (Weaknesses-Threats Strategies)이다. 이 전략은 약점(Weaknesses)을 보완하여 경쟁 상황에서 발생할 수 있는 위협(Threats)에 대응한다. 예를 들면 '원료 구매처 전환을 통해 원가를 낮춤으로써 경쟁사의 저가격 공세에 선제 대응'이라는 전략을 세울 수 있을 것이다.

SWOT 분석과 전략 추출을 성공적으로 수행하기 위해서는 각 항목에 들어갈 내용들이 심도 있고 빠짐없이 기록되어야 하고, 또 전략의 방향을 기업의 장기적인 전략 목표와 일치시키는 것이 중요하다.

<표 1-5> 소규모 후발 디퓨져 업체의 SO, ST, WO, WT전략(예시)

	SO	ST	
• 고품질 제품과 건강 및 웰빙 트렌드 활용: 고품질의 천연 재료를 사용한 디퓨저 제품을 홍보하여 웰빙을 중시하는 고객층을 타겟으로 마케팅 캠페인 전개	SO	ST	• 유연한 생산 설비와 경제 불확실성 대응: 경제 상황 변화에 빠르게 대응할 수 있는 유연한 생산 설비를 활용하여, 제품군을 재정비하여 비용 절감
• 브랜드 인지도 향상과 온라인 판매 채널 확대: 온라인거래 증가추세에 따라 플랫폼에 적극 입점하여 브랜드 인지도를 높이고, 젊은 고객층 확보 • 유통망 강화와 건강 및 웰빙 트렌드 활용: 웰빙 트렌드에 맞춰 건강한 생활을 강조하는 마케팅 전략을 통해 유아와 어린이가 있는 가정을 새로운 고객으로 확보.	WO	WT	• 제한된 자원과 경쟁 심화 대응: 원재료 구매처 전환으로 구매 비용 절감 및 유휴 재료 판매처 확대를 통해 제한된 자원을 최대한 활용 • 낮은 브랜드 인지도와 경제 불확실성 대응: 고비용 매체를 정리하고, SNS 중심 홍보로 전환하여 정확히 타겟층을 공략.

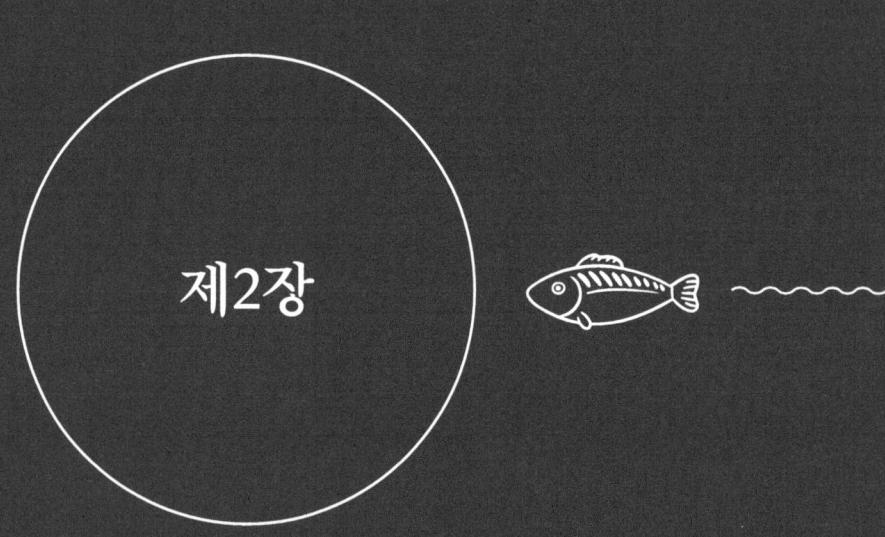

제2장

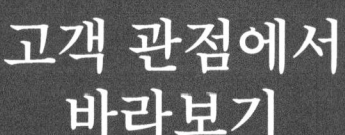

고객 관점에서
바라보기

고객 관점에서 사업의 본질을 재정의하라

"우리 제품은 성분만큼은 세계 최고라고 자부해요. 먹어 본 사람들은 다 좋다고 하는데, 정작 왜 안 팔리는지 모르겠어요."

컨설팅을 위해 벌꿀 제품을 생산하고 판매하는 소기업을 방문했을 때 그 기업체의 대표가 했던 말이다. 세계 최고라고 알려진 마누카꿀보다 훨씬 좋은 성분을 몇 배나 많이 함유하고 있다는 시험성적서도 내보인다. 또 포장재도 고급스럽게 바꾸고 편의성도 개선했다고 자랑한다.

그런데 개인적 인연으로 제품을 구매해 주었던 사람들

이 시간이 지나면서 재구매가 줄어들고 있고, SNS에 쇼츠를 올리고 후기 이벤트를 진행해도 소수의 사람만 반응할 뿐 정작 고객은 늘어나지 않는다고 하소연이다. 상품을 많이 팔아야 직원들 월급도 줄 수 있는데 당장 매출이 일어나는 방법이 없느냐고 묻는다.

그렇다면 이 기업의 문제점은 무엇일까? 가장 큰 문제점은 트렌드 변화를 정확히 분석하지 못하여 고객의 욕구 변화를 제대로 찾아내지 못했다는 점이고, 두 번째는 제품을 생산자 관점에서만 바라보았을 뿐 고객 관점으로 시각을 바꾸지 않았다는 것이다. 생산자 관점에서 바라본다면 벌꿀은 그냥 벌꿀일 뿐이다. 그래서 경쟁자보다 더 좋은 성분을 많이 함유한 천연 벌꿀을 생산하고, 더 좋은 포장재에 담아내기 위해 자원을 집중적으로 투입한 것이다. 즉 다른 경쟁 제품보다 더 좋은 품질의 제품을 만들기만 하면 잘 팔릴 것으로 생각한 것이 가장 큰 오류라고 할 수 있다.

우리가 제품의 고급화, 차별화를 고민하는 동안 우리의 고객은 다른 가치를 찾아 눈길을 돌리고 있으며, 우리가 제품을 생산자 입장에서 보고 있을 때 고객은 다른 혜택을 찾아 떠나고 있다. 이렇게 사업의 본질을 고객의 관점으로 바꾸면 어마어마한 마술이 일어난다. **레고**(LEGO)는 블록 장난감 회사로 잘 알려져 있다. 그런데 레고는 블록 장난감이라는 제품 관점에서 벗어나 '창의력을 키우는 경험을 제공하는 기업'으로 재정의한 후 테마파크, 영화, 교육 프로그램, 디지털 게임 등으로 사업 범위를 확장할 수 있었다. **에어비앤비**는 단순한 숙박시설 공유에서 벗어나 '공간의 공유를 통해 현장 경험을 연결하는 기업'으로 관점을 바꾸고 나서, 현지 생활 체험까지 사업 영역이 확대되었다. 한때 전자제품의 대명사였던 **소니**는 어떻게 바뀌었을까? '즐거움을 주는 기업'으로 사업의 본질을 바꾼 후 영화, 음악, 게임 등으로 상품이 변화되었다. 제품 관점에서만 본다면 손목시계는 단순히 시간을 알려주는 장치에 불과하지만, 이제는 패션 상품, 고가의 장신구로 본질이 바뀐 지오래되어 지금도 시장에서 굳건히 살아남아 있다.

이처럼 관점을 바꾸면 사업의 개념이 바뀌게 된다. 벌꿀을 '자연 건강식품'으로만 본다면 다양한 형태의 건강식품으로 만들어 팔면 그만이다. 그러나 식생활이 단순히 살기 위해 먹는 것이 아닌 하나의 문화로 자리 잡았고, 또 건강이라는 개념이 먹는 식품의 형태뿐만 아니라 생활 속에 다양한 형태로 스며들어 있는 변화의 트렌드를 포착했다면 벌꿀은 다른 방법으로 개념이 재정의 되어야 한다는 것을 알아차렸을 것이다.

이미 건강식품으로서의 벌꿀 시장은 포화 상태에 이르렀고, 외국의 고가 제품뿐만 아니라 저가의 가성비 제품까지 모두 공급되고 있는 상황에서 후발 소규모 기업이 이 시장에 뛰어들어 성공한다는 것은 매우 어려운 일이다. 더구나 벌꿀은 끈적거림으로 인해 음용의 불편성이 있고, 시장에는 이 불편함을 대체할 수 있는 수많은 경쟁 건강식품이 등장하고 있다. 그렇다면 시장에서 돌파구를 마련하기 위해서는 어떤 방법이 있을까? 바로 관점을 제품 관점에서 고객 관점으로 바꾸면 돌파구가 보인다.

고객 관점으로 전환하는 첫 번째 단계는 바로 고객들의 이야기를 들어 보는 것부터 시작한다. 육하원칙에 따라 누가, 무엇을, 어디서, 언제, 어떻게, 왜 구매하고 사용하는지 그리고 사용하기 전 고려 사항은 무엇이고, 사용 중 또는 사용 후 불편한 점은 없었는지와 같은 질문을 습관처럼 던지고, 고개의 반응은 반드시 메모해 두는 것이 좋다. 또 우리 고객뿐만 아니라 경쟁사 고객, 대체 제품 고객, 비 고객들에게도 질문하는 습관을 길러야 한다. 고객을 직접 만나 물어보는 것 이외에도, 온라인 판매망에 올라온 후기를 통해 알아보는 것도 좋다. 이때는 경쟁사 제품의 후기도 눈여겨볼 필요가 있다.

고객 접점 및 고객 인터뷰를 통해 고객의 생각을 파악

했다면 그것을 공통된 키워드로 묶는 작업을 해야 한다. 이 과정을 통해 벌꿀 제품이라면 '뛰어난 성분, 음용의 편리성, 맛'과 같은 기본 욕구뿐만 아니라 그 외에 미용, 식재료, 요리 보완재 등의 새로운 욕구를 발견해 낼 수 있고, 발견된 새로운 욕구에서부터 사업의 개념을 재정의할 수 있다. 즉 요리용 식재료, 설탕 대신 사용할 수 있는 건강한 대체제, 피부 건강을 위해 바르는 화장품용으로 사용하겠다는 등의 욕구에서 '생활 속 건강한 즐거움'으로 업의 본질을 전환할 가능성을 발견할 수 있는 것이다.

이렇게 벌꿀 제품은 '건강식품'이 아니라 '건강한 즐거움'을 주는 제품으로 본질이 재정의 될 수 있다. 이제 새롭게 정의된 사업의 본질에 따라 요리용, 설탕 대체용, 미용용 등으로 변신한 벌꿀 제품은 고객의 생활 속에 '건강한 즐거움'을 선사하는 제품으로 자리매김하게 될 것이다.

위에서 예를 든 벌꿀 사례는 사업의 본질을 고객 관점으로 바꾸는 방법을 보여주기 위해 임의로 만들어 본 사례이므로 실제 시장 상황과는 다를 수 있다. 하지만 업의 본질을 제품에 집중할 것이 아니라 고객이 필요로 하는 욕구에 맞추어 재정의하면 지금까지와 전혀 다른 새로운 가치를 창출할 수 있다는 것만큼은 분명하다.

마케팅은
제품의 싸움이 아니라
인식의 싸움이다

우리는 일상생활에서 마케팅이라는 말을 자주 사용한다. 어떤 때는 PR이나 홍보와 같은 뜻으로 사용할 때도 있고, 어떤 때는 세일 행사나 프로모션을 뜻할 때도 사용하고, 더러는 교묘한 상술 같은 썩 좋지 않은 의미로 사용되기도 한다. 마케팅이란 도대체 무엇일까? 제품을 잘 만들고 많은 사람에게 파는 기술일까? 아니면 경쟁사를 눌러 이기는 방법일까? 이 표현들은 모두 다 한편으로는 맞는 말이기도 하고 또 한편으로는 틀린 말이기도 하다. 다시 말해서 정확한 정의는 아니라는 말이다.

좋은 제품을 만들거나 절묘한 판매 기술을 개발하여 경쟁사보다 월등히 많이 판매하여 시장에서 승자가 되더라도, 그 제품을 모방하거나 훨씬 품질이 우수한 제품이 금방 뒤따라 나와 시장을 잠식한다. 즉 하나의 경쟁자를 물리쳐 시장을 장악했다고 하더라도 또 다른 경쟁자가 등장하여 시장에서는 다시 한번 한판 승부가 펼쳐지곤 한다. 더구나 이런 일들은 한두 번에 끝나지 않고 계속 반복적으로 일어나게 마련이다.

흔히 마케팅을 전쟁이라고 표현하기도 한다. 전쟁이란 무엇일까? 일대일, 일대다 혹은 다대다의 관계로 서로 싸워 상대방에게 피해를 줘 힘으로 제압하는 것이 전쟁이다. 그렇다면 마케팅은 전쟁일까? 시장에서 치열하게 다툰다는 측면에서 마케팅을 전쟁과 같다고 표현할 수는 있겠지만, 경쟁자에게 피해를 줘 힘으로 눌러 승리를 쟁취하는 전쟁과는 분명히 다른 점이 있다.

　스포츠 경기를 예로 들어 보자. 레슬링, 태권도, 축구, 야구처럼 상대방과 일대일로 차례로 맞붙어 상대를 제압하여 승리를 따내는 경기가 있는가 하면, 체조 경기나 피겨스케이팅처럼 무대 위에서 그동안 갈고닦은 기량을 맘껏 뽐내어 여러 명의 심판으로부터 상대방보다 높은 점수를 획득하여 승리를 가져가는 종목도 있다. 마케팅은 바로 후자와 같은 개념이라고 말할 수 있다.

　체조나 피겨스케이팅과 같은 경기는 체력뿐만 아니라 기술적인 면, 예술적인 면, 연기력 등 모든 측면에서 심판의 마음을 얻어 높은 점수를 획득하는 선수가 승리한다. 여기서 심판은 바로 고객이라고 할 수 있다. 훈련을 통해 쌓은 선수의 기량을 맘껏 펼치고 심판의 마음을 얻어내는 것! 그것이 바로 마케팅의 핵심 개념이라고 말할 수 있다.

마케팅은 결국 그 최종 목표를 얻어내기 위해 고객을 포함하여 회사를 둘러싼 모든 이해관계자뿐만 아니라 심지어 경쟁자들과의 상호 커뮤니케이션하는 과정이다. 그 목적은 당연히 고객으로부터 높은 점수를 얻어내기 위한 것이다. 이렇게 고객에게서 높은 점수를 획득하고 선택받는 것 그것이 바로 브랜드 파워의 핵심이며, 브랜드 파워를 높여 고객들에게 많은 선택을 받는 것이 바로 마케팅의 핵심이다.

마케팅이 인식의 싸움이라고 할 수 있는 유명한 사례가 있다. 바로 하이트 맥주 사례다. 1990년대 우리나라에는 오비맥주가 90%에 육박하는 엄청난 점유율을 차지하고 있었고 크라운맥주가 10%에도 미치지 못하는 점유율로 약자의 위치에 있었다. 크라운맥주는 소비자들이 원하는 오비맥주의 부드러운 맛을 공략하기 위해 수퍼드라이 공법을 도입하여 마일드 맥주를 개발하는 등 여러 제품을 개발하여 오비맥주를 공략하였지만, 소비자의 마음속에는 여전히 부드러운 맥주는 오비맥주였고 크라운맥주는 그저 쓰디쓴 맛없는 맥주로 인식될 뿐이었다.

그러다가 오비맥주 공장에서 페놀이 유출되는 사건이 일어났고, 오비맥주의 물 오염에 대한 소비자의 우려가 커지고 있었다. 이때를 놓치지 않고 크라운맥주는 '하이트'라는 신제품을 출시하여 '천연 암반수를 사용한 깨끗한 맥주'라는 컨셉으로 단번에 점유율을 역전시켰다. 소비자들은 '지하 150미터 천연 암반수를 사용한다'라는 말 한마디에 '하이트맥주는 깨끗한 맥주'일 것이라는 인식을 갖게 된 것이다.

다시 말해서 그동안 크라운맥주가 아무리 훌륭한 기술을 개발하여 마일드한 맛의 부드러운 맥주를 내놓아도 쳐다보지 않던 소비자들이 한순간에 하이트맥주로 선택을 바꾸었던 것은 '하이트맥주가 천연 암반수로 만든 깨끗한 맥주일 것'이라는 인식 때문이었다. 하이트맥주 사례는 마케팅은 제품의 싸움이 아닌 인식의 싸움이라는 것을 보여주는 단적인 예이다. 이렇게 인식의 싸움에서 승리한 덕분에 지금도 여전히 하이트는 맥주 시장에서 강자로 군림하고 있으며, 소주의 대명사인 진로까지 집어삼키고 주류업계의 최강자로 등극하는 기염을 토하게 된다.

마케팅에서 좋은 기술과 좋은 제품력은 기본 중의 기본이다. 하지만 그것보다 더 중요한 것은 좋은 이미지를 통한 좋은 인식이 소비자의 선택을 좌우한다는 것이다. 제품의 기술력은 시간이 지나면 모두 비슷해지거나 혹은 더 좋은 성능을 가진 제품이 등장하게 된다. 그래서 제품만으로 차별화하기는 쉽지 않다. 그런데도 어떤 제품은 잘 팔리고 어떤 제품은 잘 안 팔리기도 한다. 그것이 바로 소비자가 가지고 있는 브랜드에 대한 인식의 차이 때문이다. 즉 마케팅은 바로 소비자의 마음속에 브랜드에 대한 좋은 인식을 심어주는 일런의 과정인 것이다.

Fast Follower의 시대는 갔다

한때 '1등만 기억하는 세상'이라는 말이 유행하던 때가 있었다. 2등은 기억에서 사라지고 결국 경쟁에서 도태되어 1등만이 살아남게 된다는 말을 꼬집어서 하는 말이다. 그러나 고객의 욕구가 다양해지고 시장은 끊임없이 세분화해 가며, 수많은 제품이 셀 수 없이 쏟아져 나오는 지금, 이 말은 더더욱 피부에 와닿는 말이 되었다.

과거에는 선도 기업이 시장을 개척하면 그 뒤를 빠르게 쫓아가는 '패스트 팔로워(Fast Follower)' 들이 성공을 거둘 수 있었다. 이들은 선발 주자의 아이디어를 조금 개선하거나 혹은 더 저렴한 가격으로 제공함으로써 시장에서 일정 부분을 점유할 수 있었다. 패스트 팔로워는 선발주자가 만든 제품이나 서비스를 개선하거나 보완하는 전략을 취하는 기업을 말하는데, 이렇게 하는 것을 소위 벤치마킹이라고도 한다. 패스트 팔로워가 누릴 수 있는 혜택은 선발주자가 저지른 실수를 피할 수 있고, 장점을 모방하여 개선한 제품으로 손쉽게 시장에 안착할 수 있다는 점이다.

그러나 지금은 단순히 다른 기업의 아이디어를 빠르게 따라가는 것만으로는 경쟁에서 살아남을 수 없는 시대가 되었다. 기술의 발전 속도가 빠르고 소비자의 욕구가 빠르게 변하고 있어서, 단순히 따라가기만 해서는 경쟁에서 뒤처지게 될 뿐만 아니라 항상 후발 주자의 위치를 면할 수 없게 된다. 선발주자들은 지금도 고객을 지속적으로 탐색하고, 다양한 방법으로 혁신을 지속하며, 새로운 시장을 적극적으로 개척하고 있기 때문이다.

패스트 팔로워가 성공할 수 있었던 때는 고객의 욕구가 지금처럼 다양하지 않고 시장도 그다지 크게 세분화하지 않았기 때문에, 모방이나 개선을 통해 일정 부분의 점유율을 가져갈 수 있었던 시기였다. 지금도 변화의 속도가 상대적으로 느린 시장에서는 이러한 전략이 어느 정도 먹힐 가능성이 존재하기도 한다. 그러나 기술 발전의 속도가 워낙 빨라져서 제품은 그 숫자를 헤아리기 어려울 만큼 다양해졌고, 고객은 온오프라인에서 다양한 채널을 통해 자신이 원하는 가치를 적극적으로 탐색하고 소비하는 시대에는 성공 가능성이 매우 희박한 전략이라고 할 수 있다.

마인드 혁신이 성공의 출발점이다

그렇다면 소규모 기업이 취할 방법은 무엇이 있을까? 그것은 바로 퍼스트 무버 (First Mover)가 되거나 스마트 팔로워 (Smart Follower)가 되는 것이다. 퍼스트 무버란 타겟으로 삼은 세분시장에서 고객의 욕구를 찾아내고 그 욕구에 부응하는 제품이나 서비스를 선제적으로 제공하여 목표 시장 내에서 1위가 되는 것을 말한다. 이 말은 너무나 당연하지만, 그렇다고 누구나 다 할 수 있는 일은 아니다. 대부분의 후발 소기업이 여전히 후발 기업에 머무르고 있는 이유는 '고객이 원하는 제품을 제공하는 것은 누구나 다하고 있는 것 아니야?'라고 너무 쉽게 무시해 버리는 데 있다. 누구나 다하고 있는 것 같지만 아무나 다 하고 있지 못하고 있는 '제품 중심의 관점을 과감히 버리고 시각을 고객 관점으로 전환'하면 퍼스트 무버가 될 가능성이 매우 높아진다.

스타트업이나 후발주자에게서 요구되는 것은 혁신이다. 이때 말하는 혁신은 흔히 세상에 없는 제품이나 서비스를 만들어내는 것을 말한다. 그런데 혁신은 제품이나 서비스 개발에만 필요한 것일까? 아니다. 경영자의 마인드와 태도를 바꾸는 것이 가장 먼저 해야 할 혁신이다. 고 이건희 삼성그룹 회장이 '삼성 신경영 선언'에서 가장 중요하게 외친 것이 바로 '마누라와 자식만 빼고 다 바꿔라.'였다. 이것이 바로 마인드의 혁신이다. 후발 기업 혹은 스타트업의 대표나 마케팅 담당자의 생각을 고객의 관점으로 전환하는 마인드의 혁신이 이루어지면, 제품이나 서비스의 혁신은 자연히 뒤따라오기 마련이다.

처음부터 퍼스트 무버가 되기 어렵다면 먼저 스마트 팔로워(Smart Follower) 단계를 거치는 것도 좋은 방법이다. 스마트 팔로워는 특화된 수요가 있는 작은 시장을 타겟으로 하거나, 선발 대규모 경쟁자가 간과하거나 충분히 서비스하지 않는 세분화된 시장을 찾아서 집중적으로 공략하는 것을 말한다. 니치 마켓이라고도 한다. 이 전략은 선발 주자들이 제공하지 않는 맞춤형 해결책을 고객에게 제공함으로써 충성도 높은 고객 기반을 구축할 수 있지만, 초기에는 시장 개척에 투자하는 시간이나 비용이 만만치 않게 투입될 수 있다. 특히 세밀한 전략과 세세한 부분까지 관리하는 치밀함을 통해서만 충성 고객화할 수 있으므로,

작은 시장이라고 해서 절대 쉽게 접근해서는 안 된다.

고객 관점에서 가치와 혜택을 찾아라

　고객의 욕구를 파악하고 고객의 관점에서 바라보라는 말을 지금까지 수없이 많이 반복했다. 지극히 당연한 이 말을 우리는 왜 반복하고 또 반복할까? 누가 옆에서 말해주지 않아도 다 알아서 잘하고 있다고 생각하는데 말이다. 그러나 실제로 고객의 관점에서 바라보는 경영자는 생각보다 많지 않다. 사실 경영자들은 자기 사업이나 제품에 너무나 큰 애정을 품고 있기 때문에 고객은 우리 제품을 당연히 좋아할 것이라는 착각에 빠지는 경우가 많다. 또 고객을 분석하고 고객이 원하는 가치와 혜택이 무엇인지를 먼저 파악하는 것보다, 제품부터 일단 개발하기 시작하는 경우가 많다. 그렇게 되면 고객의 욕구에 제품을 맞추는 것이 아닌, 제품의 특성에 고객이 따라오길 기다리는 오류를 범하게 된다.

　고객이 원하는 가치와 혜택을 찾아내는 과정은 단순히 제품이나 서비스의 기능과 효과의 우수성을 나열하는 것이 아니라, 고객의 라이프 스타일이 어떻게 변화되고, 고객이 상품이나 서비스에 어떤 감정을 느끼는지에 포커스가 맞추어져야 한다. 즉 '경쟁업체보다 좋은 성분이 많이 포함되어 효과가 훨씬 더 좋은 상품'이라는 개념을 벗어나 고객이 그 상품을 사용했을 때 얻거나 느끼게 되는 혜택을 찾아야 한다는 말이다.

택시는 고객을 단순히 목적지까지 데려다주는 것이지만, '우버'는 '편리하고 안전한 이동 경험'이라는 새로운 가치를 제공하는 것을 모토로 삼고 있다. 명함을 스마트폰 주소록에 편하게 입력해 주는 '리멤버'는 기존 명함 스캔 서비스가 스캔이 정확하지 않아 사용자가 다시 수정해야 하는 불편을 최소화하기 위해 스캔한 명함을 사람이 일일이 검토해서 주소록에 올려주는 새로운 서비스를 만들어 냈다.

작은 기업일수록 아직 고객의 수가 많지 않기 때문에, 기업과 고객의 관계가 친밀하게 형성될 수 있다. 따라서 적은 노력만으로도 고객과 직접 소통할 수 있으며 고객의 욕구와 선호도를 더 깊이 이해할 수 있다. 이메일, 소셜 미디어 등을 통한 소통뿐만 아니라, 오프라인 매장에서도 적극적으로 고객의 욕구를 파악하는 활동이 필요하다. 또한 정기적으로 고객 만족도 조사를 하거나, 고객과의 만남의 자리를 만들어 고객과의 관계를 친밀하게 유지해 나가는 것도 매우 좋은 방법이다. 연예인이 팬을 관리하는 것처럼 소규모 기업도 고객을 밀착 관리 해나가야 한다.

가치에 스토리와 감정을 입혀라

고객에게 제공할 가치와 혜택을 찾는 것도 중요하지만 그것을 고객에게 어떻게 전달할 것인가도 매우 중요하다. 사람들은 자신의 감정과 경험에 연결되는 이야기에 더 관심을 가지는 경향이 있다. 따라서 고객에게 제공하는 가치나 혜택을 고객이 공감할 수 있는 이야기로 포장한다면 더 깊은 감정적 연결고리를 형성할 수 있다.

작은 기업은 자신만의 독특한 이야기와 가치를 가지고 있는 경우가 많다. 예를 들어, 사업을 시작하게 된 배경, 세품이 처음 탄생하게 된 이야기, 창업주의 철학뿐만 아니라, 이 제품이나 서비스를 이용한 후 생긴 삶의 변화 같은 소소한 이야기들을 고객과 공유할 수 있다. 요즘은 이런 이야기들을 소셜 미디어, 블로그 포스팅, 이메일 뉴스레터, 고객 후기 등을 통해 쉽게 공유할 수 있기 때문에 더더욱 스토리텔링이 중요하다.

사회적기업인 '**그래이프랩**'은 지속 가능한 디자인을 통해 우리 사회를 좀 더 나은 방향으로 이끌고 싶은 회사이다. 이 회사는 재생 종이로 독서대와 노트북 거치대를 만들고 접착제와 코팅제를 전혀 쓰지 않아, 재활용 제품으로 만든 제품조차도 다시 재활용할 수 있게 만드는 친환경 제품을 생산하는 기업이다. 나무나 플라스틱 혹은 철재로 만든 더 튼튼한 독서대나 거치대가 넘쳐나지만, 이 기업에서는 묵묵히 재생 용지를 사용해서 친환경 독서대를 만들어내고 있다. 종이로 만든 상품이 견고함을 요구하는 노트북 거치대의 기능을 할 수 있을까 하는 일반적인 의심을 자바라 형태의 독특한 디자인으로 전환하고, 거기에다 재생 종이를 사용하여 환경 보호에도 이바지한다는 가치와 혜택을 소비자에게 심어준 것이다.

게다가 이 회사는 장애인이 디자인하고 생산함으로써 장애인 자립과 일자리 창출에도 힘쓰고 있다. 또 해외 시장에 진출하여 유명 디자인 회사와 콜라보레이션도 진행하고 있으며, 해외 크라우드 펀딩 사이트에서도 주목받았는가 하면, 광주 비엔날레에도 참여하여 지속 가능한 디자인을 제시하기도 하는 등 맹활약을 펼치고 있다.

만약 이 기업이 기존 제품들과 별 차별점이 없는 상품으로 시장에 진입했다면 어떤 결과를 가져왔을까? 또 지속 가능한 디자인, 장애인 디자이너, 친환경 등의 스토리가 없었다면 아마도 저가의 대규모 생산 제품 틈새에서 고전을 면치 못하고 있거나 지금쯤은 사라지고 없을지도 모른다.

소규모 기업이 성공으로 가는 길은 쉽지만은 않다. 그러나 창의성을 발휘하여 독창적인 가치를 제공하고, 고객과의 긴밀한 관계를 구축하며, 지속 가능한 방식으로 운영한다면 분명히 시장에서 자리를 잡을 가능성은 매우 높다. 이러한 노력은 소규모 후발 기업에는 단순히 생존하는 것을 뛰어넘어 성공으로 나아가는 데 필수적인 요소이다.

제3장

시장을
세분화하면
고객이 보인다

도대체
시장이란
무엇일까?

　일반적으로 시장은 '수요와 공급이 만나는 곳'이라고 정의한다. 어떤 기업이 제공하는 제품이나 서비스에 대해 그것을 필요로 하는 고객이 대가를 지급하고 교환하는 장소나 공간이 바로 시장이다. 교환하는 곳이 지리적인 장소를 가리킨다면 '남대문시장', '광장시장'과 같이 부르기도 하고, 지역으로 구분하여 '수도권 시장', '호남권 시장'이라고 하기도 한다. 또 제공하는 제품이나 서비스로 시장을 표현한다면 '아동복 시장'이나 '자동차보험 시장'과 같이 말할 수도 있으며, 목표 고객이 누구냐에 따라 '미혼여성 시장'이나 '실버시장'이라고 호칭을 붙이기도 한다.

그러나 위와 같은 방법으로 시장을 분류하는 것은 마케팅 전략을 수립할 때 자칫 오류를 범할 가능성이 있다. 왜냐하면 인구통계학적으로는 동일한 집단이라 할지라도, 그 집단을 구성하고 있는 사람들의 구매 성향은 매우 다양하기 때문이다. 맥주라는 제품을 예로 든다면 '미혼여성 시장' 내에서도 어떤 사람은 목 넘김이 부드러운 라거 맥주를, 또 다른 사람은 진한 향의 에일 맥주를 좋아할 수도 있을 것이다.

그러므로 시장은 **고객의 욕구, 사용 상황(TPO*), 제공되는 가치**에 따라 나누는 것이 바람직하다. 이것이 바로 고객지향적 마케팅 관점에서 바라보는 시장의 개념이라고 할 수 있다. 고객의 관점에서 시장을 나누는 방법이 처음에는 생소하고 어려울 수 있다. 하지만 실제로 마케팅 전략을 세우다 보면 이런 방법이 더 효과적이라는 것을 알게 될 것이다. 더구나 소규모 후발 기업일수록 목표로 하는 시장을 더욱 명확하고 분명하게 세분화하기 위해서는 반드시 고객의 관점에서 시장을 바라보아야 한다.

고객의 관점에서 시장을 분류하기 위해서는 당연히 고

---

* TPO : Time, Place, Occasion의 약자로 고객이 제품이나 서비스를 구매하거나 사용하는 시간, 장소, 상황을 말한다.

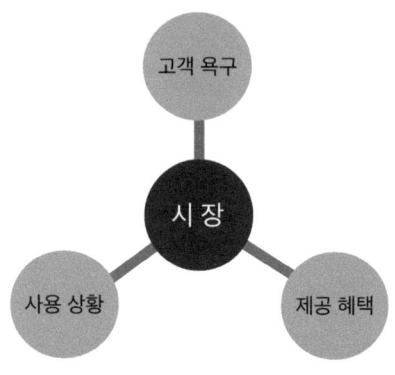

[그림 3-1] 고객지향 관점에서의 시장의 개념

객에 대한 심층적인 이해가 필수적이다. 제1장에서 살펴본 것처럼 고객(Customer), 경쟁(Competetor), 자사(Company)에 대한 분석이 필요한 이유가 바로 이러한 이유 때문이다. 고객(Customer)에 대한 분석에서는 고객이 어떤 이유로 그 제품이나 서비스를 구매하는지, 어떤 상황에서 소비가 이루어지는지, 어떤 가치를 선호하는지, 고객은 경쟁사에 비교하여 우리 제품에서 얻고자 하는 혜택은 무엇인지 등에 대한 분석이 이루어져야 한다.

마케팅 자원이 풍부한 대기업이나 선발기업들은 고객에 대한 분석을 위하여 여러 가지 통계 기법을 사용하기도 한다. 하지만 소규모 기업은 통계조사에 큰 비용을 쓸 여력이 없으므로 2차 자료나 인터넷 검색, 관찰 및 인터뷰 등을 통해 정보를 얻어내야 한다. 최근에는 AI의 도움을 받는 경우가 점점 늘어나고 있기도 하지만, AI는 간혹 사실이 아닌 것을 사실인 양 꾸미는 경우도 많으므로 세심한 주의가 필요하다.

고객에 대한 정보를 수집할 때 주의해야 할 점은 편향된 사고에 매몰되지 않고 객관성을 유지하는 것이다. 개인이 가진 경험적, 주관적인 지식을 기준으로 정보를 평가하려는 경향이 자칫 잘못된 의사결정에 이르게 할 수 있기 때문이다. 특히 자신이 평소에 가지고 있는 가치관에 부합된 정보만 취사선택하고 다른 정보는 틀렸다고 무시하려는 확증편향(Confirmation Bias)은 가장 경계해야 할 것 가운데 하나이다.

고객에 대한 객관적인 정보를 획득할 수 있는 가장 쉬운 방법은 육하원칙에 따라 질문하고 답해보는 것이다. **언제, 어디서, 어떤 가치를 가진 제품이나 서비스를, 누가, 왜, 어떻게 구매하고 소비하는가?** 이 질문에 대한 답을 적어 놓고 보면 고객은 기업에서 제공하는 어떤 가치를 구매 혹은 소비하고자 하는지, 어떤 사용 상황에서 구매 혹은 소비하는지, 어떤 혜택 때문에 구매 혹은 소비하는지를 알 수 있다. 이 작업을 할 때는 동료, 가족, 친지 등 뿐만 아니라 가급적 많은 소비자를 직접 만나보는 것이 훨씬 다양한 의견을 구할 수 있어 객관적이고 좋다.

여기서 나온 답을 나열해 놓고 보면 몇 가지 유사한 내용끼리 묶어지는 것을 알 수 있다. 이렇게 유사한 그룹끼리 묶는 것이 바로 시장세분화의 첫걸음이다. 그다지 어려운 것은 없다. 고객들의 답변을 유사한 키워드(예를 들어 건강, 미용, 선물, 요리 등)로 모으면 된다. 비용을 들여 서베이를 하고 통계적인 분석을 해보는 것이 더욱 정확하겠지만, 작은 기업에서는 그렇게 하는 것이 현실적으로 어려우니 이런 방법을 써보는 것도 매우 유익하다.

라이프스타일로 시장을 쪼개라

시장을 세분화하는 기준은 고객 관점에서 찾아야 한다고 설명한 바 있다. 고객 관점은 곧 **고객의 욕구, 사용 상황, 고객이 선호하는 혜택과 가치**라는 세 가지 기준이라고 설명하였다. 이것을 다른 말로 표현하자면 라이프스타일이라고 말할 수 있다.

예를 들어 천연 벌꿀 시장을 한번 세분화해 보자. 일반적으로 벌꿀은 천연 건강식품으로 알려져 있다. 그래서 주로 건강식품이나 농축산물로 시장이 분류된다. 그러나 상식적으로 알고 있는 건강식품 이외의 다른 욕구가 존재하는 것은 아닐까? 혹시 다른 사용 상황이나 구매 상황이 있는지 알아보기 위해 주변 사람들을 중심으로 다음과 같은 질문을 던져볼 필요가 있다. 그 질문은 바로 앞에서 언급한 육하원칙에 의한 질문이다. 언제, 어디서, 어떤 종류의 벌꿀 제품을, 누가, 왜, 어떻게 구매하고 소비하는가?

※ 시장세분화를 위한 고객 인터뷰 질문(예시)

1. 언제 이 제품 혹은 서비스를 사용/구매합니까?
2. 어느 장소나 어떤 상황에서 이 제품 혹은 서비스를 사용/구매합니까?
3. 어떤 혜택, 어떤 장점이 있는 제품 혹은 서비스를 사용/구매합니까?
4. 누가 이 제품 혹은 서비스를 사용/구매합니까?
5. 사용, 구매하는 이유는 무엇입니까?
6. 어떻게 사용/구매하나요?

이렇게 질문을 던지면 벌꿀을 사용하는 다양한 상황에 대한 답변들이 나오게 된다. 예를 들어 천연 벌꿀은 건강식품으로 복용할 뿐만 아니라, 요리할 때, 차 마실 때, 잠들기 전에, 피부 미용을 위하여, 설탕 대용으로, 선물용으로, 샐러드 소스 만들 때 등등 수많은 사용 상황이 등장한다. 또 선물용 시장은 구매자와 사용자가 다른 경우도 있을 수 있다. 그래서 사용 상황과 구매 상황을 구분하여 질문하는 것이 좋다.

여기서 나온 많은 답변 들을 대표 키워드로 묶어 보면 고객 관점에서 시장이 나누어진다. 이때 포스트잇에 답변 들을 메모해 놓고 비슷한 내용끼리 그룹을 지어 모아 붙여놓으면 쉽게 묶어진다. 이런 과정을 거쳐 그룹으로 묶어 보면 천연 벌꿀 시장은 건강식 시장, 요리용 시장, 피부미용 시장, 선물용 시장의 크게 네 가지 시장으로 묶어 볼 수 있다.

이런 방법이 바로 고객의 사용 상황 즉 라이프스타일을 기준으로 한 시장 세분화다. 이때 한가지 주의해야 할 점은 카테고리를 정할 때 서로 중복되지 않게 하라는 점이다. 이것만 주의한다면 고객 관점에서 시장을 세분화하는 작업은 그다지 어려운 일은 아니다.

이렇게 세분시장이 결정되었다면 각 세분시장의 특징을 묘사해야 한다. 세분시장의 특징 또한 고객들의 답변 속에 들어있다. 예를 들어 피부미용 시장의 특징은 '주로 20~30대 여성들이 많이 분포되어 있고, 마스크팩이나 미스트 등 간편하게 사용할 수 있는 제품을 선호하며, 하루 2회 이상 사용하므로 사용 빈도가 높고, 다소 고가라도 구매할 의사가 있는 점'이 특징이라고 기술해 볼 수 있다.

<표 3-1> 천연 벌꿀 시장세분화 및 시장 특성(예시)

세분시장명	세분시장 1 건강식품 시장	세분시장 2 요리용 시장	세분시장 3 피부미용 시장	세분시장 4 선물용 시장
시장의 특징	• 시장 규모가 가장 크고, 대부분의 경쟁이 이 시장에 밀집 • 제품에 대한 신뢰도가 중요한 구매 요인임 • 개인 네트워크 및 지인을 통한 구매가 많음 • 자가 복용 보다는 선물용 시장이 큰 것으로 추정	• 메인요리는 설탕 대체용으로 사용 • 단맛을 내는 소스용으로 사용 • 건강 중시형 소비자가 주로 구매 • B2B 시장 가능성 존재	• 20~30대 여성이 주고객 • 마스크팩, 미스트 형태 선호 • 형성 초기 단계 시장으로 규모가 작으나 성장 속도는 빠름 • 주로 외출 전과 잠들기 전에 사용 • 고가 구매 의향이 강한 편 • 타 시장보다 사용 빈도가 높고 구매 주기가 빠름	• 고가의 천연 벌꿀 제품 선호 • 사용 용도 보다는 선물 용이므로 고급 포장 선호 • 사용 편리성 제고가 핵심 • 신뢰도가 확보된 브랜드가 부재

주. 벌꿀 시장의 세분화 예시는 이해를 돕기 위해 임의로 설정한 것이므로 실제 상황과 다를 수 있음. 이하 시장 크기, 경쟁 강도, 자사의 강점 등의 표도 동일함.

이렇게 천연 벌꿀 시장을 네 가지로 세분화해 보았다. 시장을 세분화하는 이유는 자원이 풍부하지 못한 소규모 후발 기업이 가장 우군화 가능성이 있는 목표 고객을 선정하여 적은 자원으로 마케팅 활동을 집중할 수 있게 해 주기 때문이다.

후발 소규모 기업이 선발주자가 장악하고 있는 시장에 무작정 들어간다면 누구를 대상으로 마케팅 전략을 펼쳐야 할지가 불분명할 뿐만 아니라, 엄청나게 비효율적이고 막대한 비용을 쏟아부어야 할지도 모른다. 대다수의 선발주자는 다양한 제품이나 서비스 포트폴리오를 갖추고 복수의 표적시장에서 다양한 고객층을 대상으로 마케팅 활동을 펼치고 있는 경우가 많기 때문이다.

매력적인 세분 시장을 찾아라

시장세분화가 끝났다면 다음 단계는 어떤 세분시장이 더욱 매력적인 시장이고 공략해야 할 시장인지를 찾아내는 것이다. 후발 주자는 모든 세분시장을 다 공략할 수 없으므로 시장에 교두보를 마련할 수 있는 세분시장을 찾아내는 것이 매우 중요하다. 고객 관점 즉 TPO(Time, Place, Occasion)나 라이프 스타일을 기준으로 시장을 세분화하고, 각 시장의 특성 파악을 끝마쳤다면 지금부터는 어느 시장이 매력적이고 공략하기에 적절한 시장인가를 판단해야 한다.

시장의 매력도를 판단하기 위한 기준은 크게 세 가지가 있다. 그 하나는 **시장 크기**이고 다른 하나는 **경쟁 강도**이며 마지막 하나는 **자사가 가진 강점의 수준**이다. 이 세 가지 기준을 가지고 약간의 계산만 거치면 간단하게 세분시장의 매력도 순위를 알 수 있다.

첫 번째 시장 매력도를 판단하는 기준은 **시장 크기**이다. 시장 크기를 측정하기 위해서는 통계 기법을 사용하는 것이 가장 정확하겠지만 소규모 기업은 상대적으로 비용이 적게 소요되는 FGI(Focus Group Interview)를 통해서 시장 크기를 추정해 본다거나 인터넷 등 2차 자료 검색이나 그동안의 경험을 바탕으로 추론해 볼 수 있다. 어떤 방법을 사용하든지 간에 시장의 크기가 어느 세분시장이 큰지는 반드시 추정해 보아야 한다.

여기서도 천연 벌꿀 시장을 계속 예로 들어 보자. 전체 천연 벌꿀 시장 크기를 추정했다면, 다음 단계는 전체 시장을 각 세분 시장별로 비중을 나누어 주어야 한다. 즉 전체 시장 크기를 10으로 보고, 네 가지 세분시장 별로 시장 크기에 따라 비중을 나누어 준다.

<표 3-2> 천연 벌꿀 세분시장 별 시장 크기(예시)

세분시장명	세분시장 1 건강식품 시장	세분시장 2 요리용 시장	세분시장 3 피부미용 시장	세분시장 4 선물용 시장
시장 크기 (전체 크기 10)	5	1.5	0.5	3

다음 기준은 **경쟁 강도**이다. 즉 어느 세분시장에 경쟁사와 경쟁 제품이 어느 정도의 비중으로 포진하고 있는지를 알아보는 것이다. 경쟁 강도를 파악하는 이유는 고객이 선호하는 제품의 유형이나 혜택을 파악하여 그에 대응할 자사 제품의 스팩을 결정하는 데 도움이 되고, 또 한편으로는 경쟁 강도가 높을수록 마케팅 비용이 많이 소요될 수 있으므로, 투입 예산 대비 효율성 계산에 필수적이기 때문이다. 경쟁 강도는 가장 센 강도를 1점, 가장 낮은 강도를 5점을 주는 5점 척도로 표기해 준다.

<표 3-3> 천연 벌꿀 시장의 경쟁 강도(예시)

세분시장명	세분시장 1 건강식품 시장	세분시장 2 요리용 시장	세분시장 3 피부미용 시장	세분시장 4 선물용 시장
경쟁강도 (강도가 높을수록 낮은 점수, 5점척도)	1	3	5	1

마지막으로 고려해야 할 요소는 **자사 및 자사 제품이 얼마나 강점을 가졌는지** 살펴보아야 한다. 앞 장에서 각 세분시장이 어떤 특징이 있는지를 파악하라고 했는데, 그 특징에 따라서 자사 제품은 경쟁사 대비 어느 정도의 강점을 가졌는가를 추정한다. 이 역시 객관성을 확보하기 위해서는 FGI 등의 간이 조사 기법이나 아니면 주변인들에 대한 인터뷰를 통해서 파악할 수 있다.

이때도 마찬가지로 최대한 객관적인 입장에서 판단하는 것이 중요하다. 많은 소규모 기업가는 자신의 제품이나 서비스에 대해 애착심이 너무 강한 나머지 자기 제품이 가장 뛰어나다고 자부하는 경향이 있다. 게다가 비용을 들여 조사 기법을 사용하지 않으므로 자칫하면 객관성을 잃고 자신에게 유리한 방향으로 판단할 위험성을 항상 내포하고 있다. 다시 한번 강조하지만, 모든 평가는 고객의 관점에서 해야만 한다는 것을 명심해야 한다.

자사의 강점 평가는 경쟁 강도와는 반대로 가장 강점이 낮은 정도를 1점, 가장 강점이 높은 정도를 5점을 주는 5점 척도로 표시한다.

<표 3-4> 천연 벌꿀 시장에서 자사의 강점(예시)

세분시장명	세분시장 1 건강식품 시장	세분시장 2 요리용 시장	세분시장 3 피부미용 시장	세분시장 4 선물용 시장
자사 강점 (강점이 많을수록 높은 점수, 5점척도)	3	3	4	2

위와 같이 세분시장의 크기와 세분시장 별 경쟁 강도, 그리고 자사의 강점을 파악하였다면 이제 세분 시장별로 매력도를 계산해 보자. 시장의 매력도를 계산할 때는 위의 세 가지 변수(시장 크기, 경쟁 강도, 자사 강점)에 임의로 **가중치**를 주어 계산한 다음 세 가지 변수의 합을 구하면 된다. 가중치는 기업에서 중요하다고 생각하는 변수에 더 많은 가중치를 주면 되는데, 기업 내부에서 토론을 통하여 결정하거나 기업의 목표가 무엇이냐에 따라 결정하면 된다. 가중치를 곱한 세 가지 변수의 합이 클수록 매력적인 시장이다.

<표 3-5> 천연 벌꿀 세분시장 별 매력도 순위(예시)

시장 구분	세분시장 1	세분시장 2	세분시장 3	세분시장 4
시장 이름	건강식품 시장	요리용 시장	피부미용 시장	선물용 시장
시장크기 (가중치 2)	5×2 = 10	1.5×2 = 3	0.5×2 = 1	3×2 = 6
경쟁강도 (가중치 3)	1×3 = 3	3×3 = 9	5×3 = 15	1×3 = 3
자사강점 (가중치 1)	3×1=3	3×1=3	4×1=4	2×1=2
합 계	16	15	20	11
매력도 순위	2	3	1	4

주. 변수별 가중치 : 시장 크기 2, 경쟁 강도 3, 자사 강점 1이라고 가정할 때

이렇게 시장 크기, 경쟁 강도, 자사의 강점이라는 세 가지 변수를 기업의 전략에 따라 가중치를 주고 계산한 결과 세분시장의 매력도는 피부미용 시장, 건강식품 시장, 요리용 시장, 선물용 시장의 순서로 나타난다. 이 결과를 놓고 보면 시장의 크기만 크다고 매력적인 시장이 아니라는 것을 알 수 있다. 시장이 크면 많은 고객을 확보할 수 있을 것 같지만, 경쟁의 강도가 얼마나 강한지 혹은 자사가 얼마만큼의 강점을 확보하고 있는지, 그리고 자사가 추구하고 있는 목표가 무엇인지에 따라 시장의 매력도는 달라진다고 할 수 있다.

시장세분화는 마케팅의 시작이다

시장세분화만 제대로 해놓고 나면 전략은 거의 다 나온 것이나 마찬가지다. 위에서 예로 든 세분시장 표를 보면서 천연 벌꿀 시장 진입 전략을 개략적으로 한번 기술해 보자. (다음의 전략은 임의로 작성된 것이므로 실제와 다를 수 있음)

<천연 벌꿀 시장 전략 개요(예시)>

1. 가장 매력인 시장은 미용 시장임. 그러나 아직 시장 규모가 작으므로 매출을 기대하기 어려우나 성장 속도가 빠르고, 경쟁자가 없는 시장이므로 선발주자가 될 수 있는 블루오션임. 발 빠른 시장 진입 전략으로 선점할 필요가 있음.

2. 다음으로 매력적인 시장은 건강식품 시장과 요리용 시장이 거의 비슷한 수준임. 건강식품 시장은 시장 크기는 크나 경쟁 강도가 강하여 시장 진입 비용이 과도하게 지출될 염려가 있음. 진입하더라도 후발 주자로서 어려움이 예상됨.

3. 요리용 시장은 시장 규모는 작으나 경쟁 강도가 낮고 자사 강점이 높은 시장이므로 진입 시 비교적 쉽게 안착할 가능성이 높음. 따라서 건강식품 시장보다는 요리용 시장 진입이 바람직.

4. 선물용 시장은 경쟁 강도도 높고 자사의 강점도 약한 편이므로 시장 진입은 보류하고 우선 내부적으로 제품 개선에 힘쓴 후 진입 여부를 판단할 필요가 있음.

5. 결론적으로 미용 시장과 요리용 시장에 진입하여 시장 선점을 노려 세분 시장 내 1위 브랜드로 안착하는 것을 목표로 함. 더불어 20~30대 젊은 여성층에서 인지도 1위를 달성하여 젊고 활기찬 이미지를 확보하여 미래 1위 브랜드로 도약을 목표로 함.

이상의 전략을 종합해 보면 일반적인 건강식 시장에 무작정 뛰어드는 것보다는 앞으로 성장 가능성이 있고 자사의 강점이 있는 시장을 선별하여 공략하는 것이 더 효율적인 전략이라고 결론 낼 수 있다.

지금까지 천연 벌꿀 제품을 예로 들어, 시장세분화와 세분 시장별 매력도를 파악한 후 대략적인 시장 진입 전략까지 살펴보았다. 그렇다면 이제부터는 전략을 구체화하는 작업에 들어갈 차례이다. 시장을 세분화하고 가장 매력적인 시장이 어디인지도 파악했으니, 이제 목표로 하는 고객이 누군지에 대해 탐구하여 구체화하자.

제4장

목표 고객을
묘사하라

목표 고객은
구체적일수록
좋다

시장세분화까지 마쳤다면 우리의 목표 고객이 누구인 지를 규정하고 명확하게 묘사하여 구체화하는 단계로 넘어간다. 고객은 우리 회사가 제공하는 제품이나 서비스에 긍정적으로 반응하며 비용을 지급하고 구매하는 집단이다. 그러므로 고객이 누구인지를 분명히 하면 할수록 고객과 효율적으로 소통할 수 있으며, 비용의 낭비를 막을 수 있다. 소규모 후발 기업 중에는 '고객이 우리 제품이나 서비스를 제대로 몰라준다'라고 불평하는 기업이 많다. 이것은 고객이 우리 제품을 몰라주는 것이 아니라, 우리 가 고객을 제대로 파악하지 못했기 때문이라고 표현하는 것이 더 옳다.

우리가 목표로 하는 세분시장에 존재하는 목표 고객이 누구인지를 설명하는 것은 구체적이면 구체적일수록 좋다. 또한 우리는 세분시장을 '언제, 누가, 무엇을, 어디서, 왜, 어떻게'라는 기준으로 나누었기 때문에, 고객을 설명하는 방법도 고객의 욕구와 라이프 스타일을 기준으로 설명하는 것이 좋다.

고객을 인구통계학적으로만 정의하는 데는 한계가 있다

누구나 고객이 중요하다는 것은 인식하고는 있지만, 고객이 누구인가를 제대로 설명하는 사람은 많지 않다. 또 고객에 대해 설명하는 사람 가운데 많은 사람이 인구통계학적인 기준으로 고객을 설명하고 있는 것을 볼 수 있다. 예를 들어 '40~50대 남자 고소득층', '20대 수도권 거주 여대생'처럼 말이다. 이런 인구통계학적, 지리적 요인에 의한 묘사 방법은 고객을 설명하거나 이해하는 데 매우 쉬운 장점이 있다. 그러나 언제 어떻게 무슨 이유로 우리 제품을 구매하는지 즉 고객의 욕구라는 측면에서 설명할 수 없다는 단점이 있다.

고객의 가치관, 라이프스타일, 니즈 등 심층적인 정보를 담고 있지 못하는 인구통계학적 묘사 방법은 표면적인 정보만 제공할 뿐, 시장의 트렌드와 고객의 행동 변화를 빠르게 반영하지 못한다. 또 다양한 특성을 가진 고객들을 단순히 연령이나 성별, 소득, 거주지역, 직업 등의 기준으로만 그룹화하기 때문에 고객 욕구의 다양성이 무시될 가능성이 높고, 실제 고객 욕구와 일치하지 않는 잘못된 타겟팅*으로 마케팅 비용이 낭비될 우려가 있다. 정확한 목표 고객에게 집중함으로써 제한된 자원을 효율적으로 활용하여 마케팅 효과를 극대화할 필요가 있는 소규모 기업에는 인구통계학적 접근은 바람직한 방법이 아니다. 즉 고객에 대한 묘사는 고객의 욕구에 따라 묘사하는 것이 먼저이고, 인구통계학적 묘사는 보조적인 수단으로 사용하면 좋다.

피자는 유명한 피자 전문 레스토랑에 가서 직접 주문하고 오븐에서 갓 구워낸 따끈한 피자를 먹는 것이 맛있게 피자를 즐기는 최고의 방법이다. 그런데 후발 업체는 대규모 레스토랑을 오픈할 자금도 없고, 더구나 선발 레스

---

* 타겟팅 : 영어로는 Targeting이다. 외래어 표기는 '타깃팅'이 맞는 표기법이나, 일반적으로 '타켓팅'으로 발음하는 경우가 많아 혼동을 피하고자 '타겟팅'으로 통일하였다. '타겟'도 역시 '타깃'으로 표기하여야 옳으나 같은 이유로 '타겟'으로 통일하였다.

토랑들의 명성을 단기간 내에 따라잡을 자신도 없다. 그렇다면 어떻게 그 멋지고 유명한 피자 레스토랑들 틈새 속에서 살아남을 수 있을까? 새로운 재료를 사용한 토핑을 얹어 볼까? 매장 인테리어를 특이한 테마로 꾸며볼까? 피자 사이즈를 키워볼까? 과연 답은 어디에 있을까?

앞에서 우리는 제품의 관점이 아닌 고객의 관점으로 시각을 바꾸면 새로운 기회가 생긴다고 했다. 토핑을 바꾸거나 사이즈를 키우고, 인테리어를 바꾸는 관점보다는 고객에게 새로운 욕구는 없는지를 탐색하면 새로운 시장 기회가 생긴다. 고객의 욕구를 알아내기 위해서는 육하원칙에 입각한 질문들을 던져보라고 하였다. 그렇게 고객들에게 질문을 던진 결과 피자도 집에서 맛있게 먹고 싶다는 욕구가 있다는 것을 알게 되었다. 레스토랑까지 차를 몰고 가서 피자가 나올 때까지 기다렸다가, 피자를 먹고 나서 나시 차를 몰고 집으로 오는 것이 번거롭다고 느끼는 고객층이 존재한다는 것을 파악한 것이다.

이것은 세계 1위 피자 업체 **도미노피자** 이야기다. 어린 아이들이 있는 가정에서는 레스토랑에 아이들과 함께 가는 것이 번거롭고, 또 다른 손님에게 폐를 끼칠 수 있기 때문에 집에서 맛있는 피자를 즐기고 싶지만 그렇지 못한 불만을 놓치지 않은 것이다. 당시 소규모 후발 기업이었던 도미노피자는 고객을 '집에서도 따끈하고 맛있는 피자를 즐기고 싶은, 어린이가 있는 가정'으로 규정하였다. 그래서 도미노피자는 '따뜻함이 식기 전에 가정으로 직접 배달'해 주는 피자의 원조가 되었고, 지금은 자타가 공인하는 세계 최고의 피자 브랜드로 성장하였다.

만약 도미노피자가 목표 고객을 '영유아 자녀가 있는 2~30대 가정주부'라는 인구통계학적 방법으로 규정했다면 어떤 일이 생겼을까? 젊은 주부가 피자를 먹기 위해 레스토랑에 방문하는 횟수가 감소하므로 그들을 유인할 수 있는 신메뉴를 개발하고, 매장 안에 유아 놀이시설을 만들고, 젊은 감각의 인테리어를 꾸미는 등의 전략을 세웠을 것이다. 위에서 묘사한 '집에서도 따뜻한 피자를 즐기고 싶은 영유아 자녀를 보유한 가정'이라고 목표 고객을 설정했을 때와는 전혀 다른 전략이 나온다는 것을 알 수 있다.

목표 고객의 페르소나를 그려 보자

페르소나(Persona)는 고대 그리스에서 배우들이 연극에서 쓰던 가면을 말하는데, 사람(Person), 인격, 성격

(Personality)의 어원이 되었고, 심리학 용어로 다른 사람들에게 보이고자 하는 외부의 이미지 또는 역할을 의미한다. 마케팅 측면에서는 어떤 제품이나 서비스를 사용할 만한 고객을 대표하는 '가상의 인물'을 말한다.

고객 페르소나를 그려 보면 목표 고객의 특성, 행동, 욕구 등을 구체적으로 이해하는 데 도움이 된다. 마치 소설 속 주인공처럼 이름, 나이, 직업, 가족, 취향, 가치관, 그리고 어떤 라이프스타일의 삶을 살고 있는지까지 그려 보면 좋다. 가상의 인물이지만, 고객 페르소나는 우리에게 진짜 고객의 모습을 보여준다. 마치 친구와 이야기를 나누면서 그들의 생각, 감정, 행동을 이해하게 되는 것과 같다. 또한 고객과 소통하는 콘텐츠 내용이 더욱 풍성해지고, 가슴에 와닿는 느낌이 있는 메시지를 전달할 수 있다.

Spotify는 전 세계적으로 3억 명 이상의 사용자를 보유한 음악 스트리밍 서비스인데, 고객 페르소나를 사용하여 맞춤형 마케팅을 제공하고 있다. 그들은 고객의 음악 선호도, 청취 습관, 기분, 활동 등에 따라 페르소나를 그린다. 예를 들어 인디 록을 좋아하고, 운동을 좋아하는 활동적인 24세 대학생 'Chloe'라는 가상 인물의 페르소나를 만들어서, 이와 유사한 고객에게는 공부할 때, 운동할 때, 친구들과 어울릴 때 등 TPO에 따라 각각 어울리는 맞춤형 재생 목록, 추천 음악을 제공한다.

에어비앤비는 전 세계에 독특한 숙소를 제공하는 호스트와 여행자를 연결하는 플랫폼이다. 그들은 고객 페르소나를 사용하여 여행 목표, 선호도, 예산 등에 따라 여행자를 분류하는데, 비즈니스 및 휴가를 위해 자주 여행하는 35세 기업가 'David'라는 페르소나는 편안하고 편리하며 영감을 주는 장소에 머물기 좋아한다. Airbnb는 이 페르소나를 사용하여 David와 유사한 사용자에게 여행에 가장 적합한 다양한 옵션의 호스트와 여행 팁, 가이드, 여행 스토리를 보여준다.

요즘은 카드회사에서도 고객 결제 정보를 분석해서 다양한 고객 페르소나를 설정하고 마케팅에 활용하고 있다. 소비 정보만으로 단골 고객의 거주지와 라이프스타일, 소비 습관이 나타나고, '건강 관리 성향', '가격 민감 성향', '아웃도어 활동 성향' 등과 같이 130여 개에 이르는 페르소나들을 만들어 마케팅에 활용하고 있다.

우리 주변에서 많이 볼 수 있는 외식업에서도 페르소나는 매우 유용하게 활용된다. 가까운 일본에서의 사례를 들어 보자. 일본 미쓰비시상사 최초의 사내벤처로 출발한 **Soup Stock Tokyo**는 도심을 중심으로 운용하고 있는 수프 전문점이다, 이 식당은 '아키노 쯔유'라는 도심에서 일하는 37세의 커리어 우먼을 페르소나로 설정하여 창업 10년 만에 매출 42억 엔에 도달하는 성과를 냈다고 한다. Soup Stock Tokyo가 설계한 페르소나인 '아키노 쯔유'는 경제적으로 여유가 있고, 가격보다 기능성을 중시하는 성격을 지닌 커리어 우먼이다. '아키노 쯔유'의 라이프스타일을 분석하여 '역 주변이나 구내에 출점함으로써 방문이 쉬워진다, 조금 가격이 올라가더라도 영양가와 만족도가 높으면 주저 없이 구매한다, 기능성을 중시하기 때문에 제품의 질이 매우 중요하다.' 등 마케팅 인사이트(소비자와 시장에 대한 깊이 있는 이해를 바탕으로 얻어지는 '새로운 발견'이나 '숨겨진 진실')를 찾아냈다. 참고: 〈Sapporea 2020. 12. 11. 〉

고객 페르소나를 작성할 때 다음의 순서에 따라 하면 쉽게 할 수 있다.

- 친구를 만나는 것처럼 설문조사, 인터뷰, 고객 데이터 분석 등을 통해 진짜 고객의 이야기를 듣는다.
- 친구의 프로필을 만드는 것처럼 이름, 나이, 직업, 가족, 취향, 가치관 등 친구의 특징을 하나씩 적는다.
- 친구는 무엇을 좋아하는지, 제품을 구매할 때 기준은 무엇인지 등을 기록한다.
- 어떤 라이프스타일을 가졌는지, 친구의 하루를 상상하는

것처럼 친구가 하루를 어떻게 보내는지, 평일 혹은 주말에는 어떤 생각을 하고 어떤 옷차림을 즐기는지 등 친구의 하루를 스토리로 만들어 본다.

• 친구와 함께 이야기를 나누는 것처럼 다른 사람들과 함께 친구에 대해 이야기하고 피드백을 받는다.

이제, 수집한 정보를 정리해서 공통된 특성을 바탕으로 몇 개의 그룹으로 나누고, 고객 페르소나 프로필을 작성해 보자. 이때 다음과 같은 표를 이용하면 좀 더 쉽고 편리하게 작성할 수 있다.

<표 4-1> 고객 페르소나 작성을 도와주는 표

고객 이름: ○○○

기본 정보	주요 관심사	구매 패턴	라이프 스타일	제품 사용 패턴	제품사용 목적
나이 성별 교육 수준 직업 소득 가족관계/ 혼인 여부					

이 표를 사용하여 디퓨저를 생산하는 소규모 후발 기업 관점에서 디퓨저 구매 고객의 페르소나를 만들어 보기로 하자.

고객 페르소나 예시(1):
자연 속에서 밸런스를 찾는 29세 연구원 김○라

기본 정보	주요 관심사	구매 패턴	라이프 스타일	제품 사용 패턴	제품사용 목적
• 나이: 29세 • 성별/가족 상태: 여자/싱글 • 대학 졸업 • 직업: Bio 계열 신제품 개발 • 연봉: 약 5천만	• 건강 관리: 유기농/비건 • 웰빙 활동: 요가/필라테스/하이킹 • 자기 계발: 최신 바이오 트렌드/식품·뷰티·헬스케어 • 환경: 제로 웨이스트, 친환경 포장	• 프리미엄 지향: 가격보다 품질·안전성·브랜드 철학 우선 고려 • 온라인 중심 소비 • 브랜드 충성도: 철학이 맞으면 반복 구매	• 평일: 연구개발 직무 특성상 분석적/체계적 • 퇴근 후엔 요가/홈트/건강식 요리로 자기 관리 • 주말: 산책/숲길 하이킹/전시회/독서로 여유 • 가치 소비: 친환경·지속 가능성이 핵심	• 정기 구독: 건강식품, 유기농 식재료, 클린 뷰티 제품 • 테스트 성향: 신제품 체험에 적극적 • 같은 카테고리에서도 브랜드별 비교 사용 • 친환경 우선: 재활용 가능 패키지, 최소 플라스틱 포장 선호	• 건강 유지·개선 • 외적/내적 균형 • 지속 가능한 소비 실천

고객 페르소나 예시(2):

가족과 커리어 밸런스를 찾는 45세 IT 관리자 박○건

기본 정보	주요 관심사	구매 패턴	라이프 스타일	제품 사용 패턴	제품사용 목적
• 나이: 45세 • 성별/ 가족상태: 남성, 기혼, 초등학생 자녀 2명 • 직업: IT기업 중간 관리자 • 연봉: 약 8 천만 원	• 자녀 교육 • 건강 관리: 체중/혈압 관리/주말 운동 • 여가/ 휴식: 가족 여행 • 트렌드 관심: 최신 IT기기/ 스마트홈/ 전기차/AI	• 가성비+ 프리미엄 병행: 자녀·가족 관련 지출 우선/본인 소비는 신중 • 온라인· 오프라인 혼합 • 정보 기반 구매: • 장기적 가치 소비: 내구성/ 브랜드 신뢰도 높은 제품 선호	• 평일: 업무로 바쁜 일정 • 주말: 가족 중심 활동 / 틈틈이 본인 운동 • 소비 성향: 가족 우선 → 교육비 ·여행· 가정용품 비중 • 사회적 네트워크: 직장동료/ 동문/ 학부모 네트워크 를 통해 교류	• 정기고정 지출: 자녀 학원비/ 보험료/ 헬스케어/ 구독 서비스 • 디지털 친화: 스마트 워치/ 스마트홈 기기/ 클라우드 서비스 적극 활용 • 가족 중심 제품/건강 식품 체험 후 확정	• 가족 행복 극대화 • 안정적 생활 유지 • 효율성 제고 • 자기 관리

고객 페르소나 예시(3):
창의와 자유를 추구하는 32세 아티스트 이○현

기본 정보	주요 관심사	구매 패턴	라이프 스타일	제품 사용 패턴	제품사용 목적
• 나이: 32세 • 성별/가족 상태: 남성, 미혼, 1인 혹은 반려동물과 동거 • 직업: 아티스트 • 연봉: 약 6천만 원 (창작 활동+ 부가 수입)	• 예술 활동: 전시/공연/ 창작 활동 몰입 • 문화 예술 소비: 독립 영화/공연/ 전시회/ 아트페어/ 레트로· 빈티지 소품 수집 • 자기 표현: 패션 (스트리트/ 인디 브랜 드)/SNS· 유튜브로 작품 공유 • 여행· 영감 찾기 • 사회적 이슈: 예술가 권리/ 자유로운 표현/문화 다양성/ 지속가능 예술	• 감성/개성 우선: 디자인/ 브랜드 아이덴티티/ 희소성 중시 • 소규모 브랜드 애호: 인디/ 크리에이터 브랜드/ 한정판 굿즈 선호 • 경험 기반 소비: 전시/ 아트워크/ 클래스 등 체험형 소비 • 디지털 소비자: 온라인 갤러리, 크라우드 펀딩 플랫폼에서 작품 구매 • 즉흥적 지출: 영감을 받으면 계획 없는 소비도 가능	• 평일: 창작 활동 중심, 일정은 불규칙/ 밤에 집중하는 편 • 주말: 전시/ 공연 참여/ 예술가 커뮤니티 네트워킹/ 페스티벌 방문 • 취향: 카페/ 바/갤러리 등 감각적 공간 • 소셜 활동: SNS·인스 타그램에서 작품 홍보 및 소통/ 팔로워 기반 팬덤 형성 • 가치관: 자유롭고 창의적인 삶	• 디지털 도구: 아이패드/ 태블릿/ 그래픽 소프트웨어/ 음악 장비/ 디자인 툴 적극 활용 • 소모품: 캔버스/ 물감/악기/ 스튜디오 장비 등 창작 관련 지출 많음 • 패션/소품: 개성을 드러내는 아티스트 스타일 → 한정판 스니커즈 아트 콜라 보 굿즈 • SNS 공유: 제품을 '콘텐츠화' 하여 스토리와 함께 소비	• 창작 효율성: • 자기 표현 • 영감 획득 • 브랜드/ 팬덤 구축

이렇게 고객 페르소나를 만들어 보면 디퓨저회사로서 어느 고객이 가장 매력적인 고객층인지 선택할 수 있고, 또 한편으로는 다양한 고객층을 대상으로 마케팅 전략을 수립하는 데도 도움이 된다.

목표 고객에게 확실한 가치와 혜택을 약속하라

기술의 발전에 따라 제품이나 서비스의 질이 상향 평준화되면서 가치의 기준이 점차 바뀌고 있다. 과거에는 주로 품질이나 성능 그리고 가격 등이 가치의 우선 고려 사항이었지만, 최근에는 단순히 고기능이나 저렴한 가격을 넘어 더 높은 차원의 가치를 제공하는 기업이 주목받고 있다. 이는 제품 자체의 품질이나 가격과 같은 가치 제공만으로는 충분하지 않으며, 브랜드의 행동과 실천, 감성적 가치, 소비 경험 등이 중요한 요소로 자리 잡아가고 있다는 것을 의미한다. 따라서 경쟁에서 우위를 점하기 위해서는 고객과 감성적, 경험적 공감대를 공유할 수 있는 고도의 전략이 필요하다.

예를 들어 **이케아**는 단순히 저렴한 가구를 판매하는 것이 핵심이 아니라, 고객의 라이프스타일을 변화시키고 삶의 질을 향상할 수 있는 솔루션을 제공하는 것에 집중하고 있다. 저렴한 가격과 다양한 디자인, 실용적인 기능은 기본이고, 고객에게 DIY 경험을 제공하여 고객이 직접 가구를 조립해 봄으로써 삶의 방식을 직접 만들어간다는 인식을 심어주어, 참여와 성취감을 느낄 수 있도록 해주고 있다.

파타고니아는 환경 보호를 기업 가치의 핵심으로 삼고 있으며, 이를 중심으로 고객과의 공감을 형성하고 브랜드 충성도를 높여 성공적인 기업으로 자리 잡았다. 설립 초기부터 환경 보호와 지속 가능한 소비라는 명확한 가치관을 고객에게 제시하고, 이에 기반하여 투명한 경영과 '1% for the Planet' 활동을 통해 사회적 책임을 다하고 있다. 파타고니아의 성공 사례는 단순한 이윤 추구보다는 명확한 가치관을 제시하고 이에 입각하여 지속 가능한 방식으로 사업을 운영할 때 성공할 수 있음을 보여준다.

이케아와 파타고니아의 경험은 기업들이 가치를 중요시하고 지속 가능한 방식으로 사업을 운영하는 것이 중요하다는 것을 말해주고 있다. 두 기업의 성공 요인이 모든 기업에 그대로 적용될 수 있는 것은 아니지만, 고객과의 소통 및 공감 형성을 통해 브랜드 가치를 높이고 충성도를 확보하는 것이 중요하다는 것만은 분명한 사실이다.

   그러므로 작은 기업뿐만 아니라 모든 기업은 소비자가 우리 제품이나 서비스를 사용함으로써 얻을 수 있는 가치는 무엇인가, 우리의 제품이나 서비스를 통해 고객에게 제공할 수 있는 기능적, 경제적, 심리적, 사회적, 문화적, 윤리적 가치는 무엇인가에 대해 끊임없이 탐색하고 답을 찾아내야 한다. 후발 주자일수록 이 가치가 고객에게 어떤 의미가 있는가를 고민해야만 하고, 우리의 제품이나 서비스가 왜 선택되어야 하는지 명확히 약속할 수 있어야 한다. 그래야만 선발주자가 갖지 못하는 후발 주자만의 독특한 가치를 보유할 수 있게 되는 것이다. 그리고 더욱 중요한 것은 끝까지 절대 그 약속을 저버려서는 안 된다는 것이다.

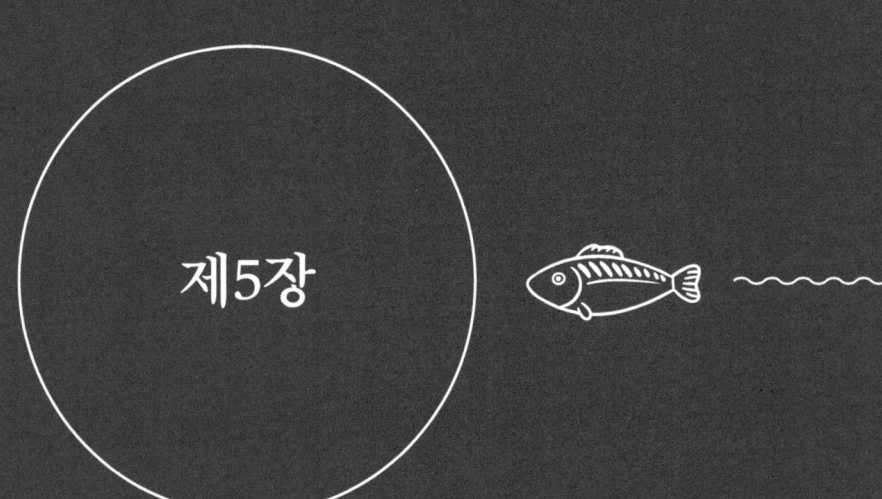

제5장

게임의 룰을
바꿔라

싸움의 장을 옮겨라

시장에서의 후발 주자들이 흔히 저지르는 실수 가운데 하나가 선발주자와 차별화하면 성공할 것이라는 기대감이다. 즉 시장 선도자(first mover)가 개척해 놓은 시장에 선도자의 제품을 벤치마킹하여 조금 더 기능적으로 개선된 제품이나 조금 더 낮은 가격으로 시장에 진입하면 기대하는 매출과 이익이 일어날 것이라는 생각이다. 이러한 전략을 구사하는 기업을 흔히 '빠른 추종자(fast follower)'라고 부른다.

이러한 전략은 밀레니엄 이전 고도 성장기에는 어느 정도 먹혀들었다. 한 시장의 규모가 매우 크고 고객의 욕구도 그다지 세분화하지 않았을 때는 선발주자를 벤치마킹하여 조금 개선된 제품을 내놓는 것만으로도 일정 부분 시장을 점유할 수 있었다. 그러나 고객 욕구가 다양해짐에 따라 시장이 점점 세분화하였고, 선발주자보다 조금 차별화되는 제품과 서비스만으로는 고객의 마음을 사로잡을 수 없는 시대가 되었다. 더구나 지금은 제품의 물리적 특성만으로는 고객을 만족시킬 수 없고, 철학과 스토리를 통한 감성적 교감이 있어야만 고객에게 접근이 가능한 시대이기 때문이다.

시장 선도자가 높은 점유율을 가지고 있는 시장에 소규모 후발 주자가 조금 차별화했다고는 하지만 유사한 제품을 가지고 유사한 방법으로 싸움을 전개한다면 그 결과는 불을 보듯 뻔하다. 선발주자는 다양한 제품 구색과 풍부한 자금력을 가지고 무차별적으로 후발 주자를 공략하여 시장에서 쫓아내 버리고 말 것이니 말이다.

그렇다면 후발 주자가 더구나 소규모 기업이 선발주자를 이기는 방법은 없는 것일까? 아니다, 반드시 있다. 그것은 지금까지의 승자가 만든 게임의 룰로 승부를 겨루는 것이 아니라 새로운 게임의 룰을 만들어 승부를 거는 것이다. 새로운 게임의 룰은 무엇일까? 그것은 바로 싸움의 장을 옮겨 새로운 기준으로 승부하는 것이라고 할 수 있다. 싸움의 장을 옮긴다는 말은 무엇일까? 이것은 선발주자가 버티고 있는 시장에 진입하여 힘겨운 싸움을 벌일 것이 아니라, 스스로 선발주자가 될 수 있는 새로운 시장을 찾으라는 말과 같은 뜻이다.

고객의 욕구는 헤아릴 수 없을 정도로 다양화되어 가고 있고, 제품이나 서비스의 기술력은 날로 발전하여 쫓아가기도 어려운 시대이다. 제품이나 서비스는 기업이 통제할 수 있는 내부 변수이기 때문에 경쟁자가 좋은 제품을 출시하면 다른 경쟁자는 바로 더 좋은 제품으로 응수할 수 있다. 즉 기술력은 평준화되어 가는 반면, 통제할 수 없는 외부 변수인 고객의 욕구는 더 다양화되어 가고 있는 현실이다. 고객 욕구의 다양화가 소규모 후발 주자에게는 어떤 변수로 작용할까?

고객의 욕구가 다양화하고 있다는 것은 오히려 후발 주자에게는 새로운 시장을 열어주는 기회의 장이다. 새로운 고객 욕구가 생긴다는 것은 곧 새로운 시장이 하나 형성된다는 말과 같다. 아직 누구도 발을 내딛지 않은 새로운 신세계가 열리는 것이다. 소규모 후발 주자는 바로 이 새로운 기회를 먼저 찾아내어 남들보다 먼저 첫발을 내딛음으로써 선발주자가 될 수 있는 장을 열어야 한다. 이것이 곧 새로운 싸움의 장으로 옮기는 것이다.

그렇다면 새로운 기회를 찾아 싸움의 장을 옮기려면 어떻게 해야 할까? 말은 쉬우나 실제로 찾아내기란 그렇게 쉽지만은 않다. 하지만 어렵다고 해서 방법이 없는 것도 아니다. 그 방법은 바로 제2장에서 언급한 사업의 본질을 재정의하는 것에서부터 출발한다. 업의 본질을 재정의하면 시장이 달라지고, 시장이 달라지면 고객이 달라지고, 고객이 달라지면 게임의 룰이 달라진다. 결국 선발주자와는 다른 시장에서, 다른 고객을 대상으로, 선발주자가 만들어 놓은 게임의 룰이 아닌 새로운 게임의 룰로 시장을 선점할 수 있게 된다.

새로운 경쟁의 축을 찾아라

시장의 약자인 후발 기업은 선발 강자가 가는 길과는 다른 길을 가야 성공할 가능성이 높아진다. 다른 길을 간다는 것은 고객이 원하는 다른 욕구를 충족시킬 수 있는 새로운 시장을 찾아야 한다고 언급한 바 있다. 그러면 새로운 고객 욕구를 찾아내어 새로운 경쟁의 축으로 싸움의 장을 옮기는 방법을 사례로 알아보자.

냉장고 시장은 삼성, 엘지 등 대기업이 장악하고 있는 시장이다. 이런 난공불락의 시장에 후발 기업이 뛰어든다면 어떤 전략을 취해야 할까? 낮은 가격으로 승부 해야 할까? 아니면 디자인이 멋진 제품으로 공략해야 할까? 모두 가능성이 없는 것은 아니지만 대기업이 장악하고 있는 견고한 시장에서 살아남기에는 역부족인 전략이고, 만약 살아남는다 해도 아주 작은 점유율에 만족할 수밖에 없는 상황에 머무를 것이다.

냉장고를 사용하는 소비자로서는 기존의 냉장고가 완전히 충족시켜 주지 못하는 욕구가 있었다. 바로 '한국인의 필수 음식인 김치만을 위한 냉장고는 없을까'라는 것이다. 김치를 다른 음식과 함께 보관하면 냉장고에 김치 냄새가 배고, 일반 냉장고는 수시로 문을 여닫기 때문에 김치를 숙성하고 오래 보관하기에는 적당치 않은 것이다.

그래서 탄생한 것이 **딤채**라는 브랜드의 김치전용 냉장고였다. 가전제품 시장의 후발 주자인 위니아는 냉장고 시장에서 김치전용이라는 새로운 시장을 만들어낸 것이다. 그래서 딤채는 김치전용 냉장고 전문업체라는 명성을 얻었고, 시장에서 큰 성과를 이루었다. 비록 후속 전략이 잇따르지 못해 삼성이나 엘지전자에 다시 시장을 빼앗기고 말았지만, 새로운 시장을 열고 게임의 룰을 바꾸었다는 측면에서 매우 훌륭한 사례이다.

　이번에는 경쟁의 축을 바꾸지 못하여 실패한 사례를 살펴보자. 음료 시장은 대기업, 중견기업, 소기업 할 것 없이 수많은 기업이 매우 치열한 싸움을 벌이고 있는 완전경쟁시장이다. 하루아침에 새로운 브랜드가 떠오르기도 하고, 막대한 시장 점유율을 자랑하던 제품이 갑자기 사라지기도 하며, 수십 년 동안 꾸준히 시장을 지켜온 스테디셀러도 존재하는 그야말로 매우 흥미로운 시장이라 할 수 있다.

　한때 음료 시장을 뒤흔들었던 보리 음료가 있었다. 이 음료는 당대 최고의 가수를 모델로 기용하여 엄청난 광고비를 쏟아부은 결과 초기에는 큰 매출을 올릴 수 있었다. 바로 **맥콜**이라는 보리 탄산음료이다. 초기에 유사 모방 제품이 나수 출시될 정도로 인기가 높았음에도 불구하고 이 음료는 오래 가지 못하고 현재는 거의 유명무실한 브랜드가 되고 말았다. 그 이유는 무엇일까? 그것은 바로 새로운 축을 만들어내지 못했기 때문이다. 즉 보리를 원료로 사용한 음료라는 것만 다를 뿐 음료의 새로운 고객 욕구를 충족시키지 못하고, 결국 한때 유행했던 추억의 음료가 되고 말았다.

음료가 충족시켜 주는 기본 욕구 중 하나는 청량감이다. 그래서 콜라나 사이다 등 탄산음료가 오랜 기간 소비자의 사랑을 받고 있는 것이다. 맥콜은 단지 원료만 보리로 바꾸었을 뿐 청량감에서는 다른 탄산음료와 다르다는 인식을 심어주지 못한 것이다.

그러나 음료 시장에서 또 다른 축을 만들어 시장에 성공적으로 진입한 성공 사례가 있다. **게토레이**가 바로 그것이다. 게토레이는 기존의 강자인 콜라와 사이다 등 탄산음료가 장악하고 있는 '청량감'이라는 축을 과감히 버리고, 그 대신 '빠른 갈증 해소'라는 새로운 축을 세웠다. 탄산음료는 톡 쏘는 청량감은 주고 있지만 특유의 단맛으로 뒷맛이 깔끔하지 못해 시원하게 갈증을 해소해 주지 못하는 단점이 있었다. 게토레이는 그래서 '갈증 해소 음료'라는 새로운 컨셉의 시장을 연 것이다.

'빠른 갈증 해소'라는 새로운 경쟁의 축에서 주 경쟁상대는 누구일까? 청량감이 경쟁의 축일 때는 경쟁상대가 콜라, 사이다 등 탄산음료가 될 수 있지만, 갈증 해소가 경쟁의 축일 때는 경쟁 제품은 탄산음료가 아니라 바로 '물'이 된다. 물은 갈증 해소라는 욕구를 해결해 주는 가장 기본적인 제품이자, 인지도와 선호도가 높은 제품이다. 즉 물은 갈증 해소 음료 시장에서 부동의 1위 제품이라는 말이다. 그러나 게토레이가 시장에 진입할 당시만 하더라도 물이라는 제품은 브랜드화하지 못했던 시기였다. 그 반면 소비자의 욕구는 가장 큰 시장이었으므로 게토레이는 이 빈 시장을 찾아내 공략한 것이다.

갈증 해소라는 욕구를 충족시키기 위해 게토레이는 '물보다 흡수가 빨라야 한다', '달지 않아야 한다'라는 메시지로 시장 안착에 성공하였다. 현재는 물이라는 제품도 브랜드화되었지만, 그래도 게토레이는 여전히 시장에서 한 위치를 차지하고 있는 장수 브랜드가 되었다. 이와 같이 후발 주자는 강자인 선발주자와 정면 대결을 펼치기보다는 새로운 시장의 축을 발견하여 소비자 욕구를 충족시킬 때 성공 가능성이 높다는 것을 알 수 있다.

포지셔닝으로 새로운 시장을 만들어라

선발주자와는 다른 새로운 시장을 찾아 소비자 머릿속에 우리 브랜드를 위치시키는 작업을 포지셔닝이라고 부른다. 앞에서 우리는 시장을 고객의 욕구에 따라 세분화하고, 세분시장에서 우리가 표적으로 삼아야 할 시장을 선정하는 방법을 알아보았다. 이 표적시장에서 우리의 제품이나 서비스를 고객에게 어떻게 인식시킬 것인가를 결정하는 것이 포지셔닝이다. 마케팅에서는 이 과정을 STP*(Segmentation, Targeting, Positioning)라고 부른다. STP 전략은 선발 강자든 후발 약자든 관계없이 마케팅 전략을 수립하는 기업이라면 가장 기본적으로 거쳐야 하는 필수적인 과정이다.

포지셔닝은 한마디로 정의하자면 소비자의 마음속에 우리 제품이 경쟁 제품과 비교하여 상대적으로 차지하고 있는 위치를 만드는 것을 말한다. 여기서 중요한 것은 **소비자의 마음속에 있는 위치**라는 것이다. 즉 우리가 제품을 만들 때의 생각이 아닌 소비자가 우리 제품을 생각할 때의 위치이다. 또 한 가지 명심해야 할 것은 확고한 포지션은 확실한 근거가 뒷받침되어야 한다는 것이다. 공허한 약속은 공허한 메아리로 되돌아올 뿐이기 때문이다.

포지셔닝을 위한 경쟁의 축을 찾기 위해서는 우리의 제품이나 서비스에 관련된 모든 고객 경험을 생각해 보아야

---

* STP : Segmentation, Targeting, Posioning의 머리글자. 브랜드 마케팅에서, 시장을 세분화하고 목표시장을 선정하고 소비자의 머릿속에 우리 브랜드를 자리 잡게 하는 일련의 과정을 말한다.

한다. 기능, 성능은 말할 것도 없고 디자인, 스타일, 이미지, 서비스의 퀄리티, 구매과정(구매 전, 중, 후의 모든 과정 포함) 등 고객과 접점이 일어나는 모든 면에서 찾아내야 한다.

이렇게 찾아낸 경쟁 우위는 고객에게 혜택으로 다가가는지, 추진할 가치가 있는지를 판단해야 한다. 그것을 판단할 수 있는 기준은 다음과 같다. 첫째, 그 차별점이 목표 고객에게 중요한 혜택을 가져다주는가? 둘째, 경쟁자에게는 없거나 경쟁자보다 독특한 차별점인가? 셋째, 고객이 다른 방법으로 얻을 수 있는 혜택보다 매력적인가? 넷째, 그 차별점을 고객에게 쉽게 전달할 수 있고 어필할 수 있는가? 다섯째, 경쟁사가 쉽게 모방할 수 없는 차별점인가? 여섯째, 고객은 이 차별점에 대해 기꺼이 대가를 지급할 만한가? 일곱째, 이 차별점으로 수익을 올릴 수 있는가?

포지셔닝을 위한 경쟁 우위점을 선정하기 위해 이렇게 많은 기준을 통과한다는 것은 매우 어려운 일이다. 세계적인 기업 코카콜라도 신제품 '뉴코크'를 출시했다가 실패하고 불과 수개월 만에 기존 제품을 다시 판매하는 어처구니없는 실수를 저지른 일이 있었다. 신제품인 '뉴코크'가 맛, 디자인 등 모든 측면에서 기존 코카콜라 보다 좋은 평가를 받았음에도 불구하고 실패했던 이유는 다름 아닌 코카콜라의 전통성을 간과하였기 때문이다. 전통이라는 차별점은 누구도 가질 수 없는 코카콜라 만의 차별점이었다.

코카콜라는 맛이나 청량감 때문에 구매하기도 하지만, 100여년 이상을 생활 속에서 함께 해왔던 오리지널 코카콜라가 사라진다는 상실감으로 인해 고객들은 '뉴코크'라는 신제품에 기꺼이 돈을 지불하기를 꺼렸던 것이다. 즉 '뉴코크'는 새로운 맛과 디자인으로 출시되었으나, 이 새로운 맛과 디자인이 경쟁자가 쉽게 모방할 수 없는 차별점도 아니었고 또 이 차별점만으로는 고객이 코카콜라의 전통성에 지불하고자 하는 의사를 대체할 수 없었던 것이다. 이처럼 포지셔닝을 위한 차별점 찾기는 매우 신중하고 철저하게 이루어져야 한다.

포지셔닝 맵 그리기

보통 포지셔닝 맵은 X축과 Y축으로 그린다. 각 축은 목표 고객의 욕구 가운데 우리 제품이나 서비스가 경쟁 우위를 가질 수 있는 요소로 선정한다. 그 요소는 성능, 디자인, 서비스, 가격, 감성 등 고객이 가지는 모든 욕구에서 뽑아낼 수 있다. 경쟁사가 가지지 못한 경쟁 우위 요소를 가지고 포지셔닝 맵을 그리면 경쟁사가 위치하고 있지 않은 비어있는 공간이 발견된다. 그 공간에 우리의 제품을 위치시키는 것이 바로 포지셔닝이다.

앞에서 예로 든 코카콜라의 포지셔닝 맵을 그려 보자. '뉴코크'가 출시되기 전 오리지널 코카콜라가 소비자의 마음속에 어떻게 인식되어 있는지를 포지셔닝 맵으로 나타내 본다면 다음과 같이 그려 볼 수 있다.

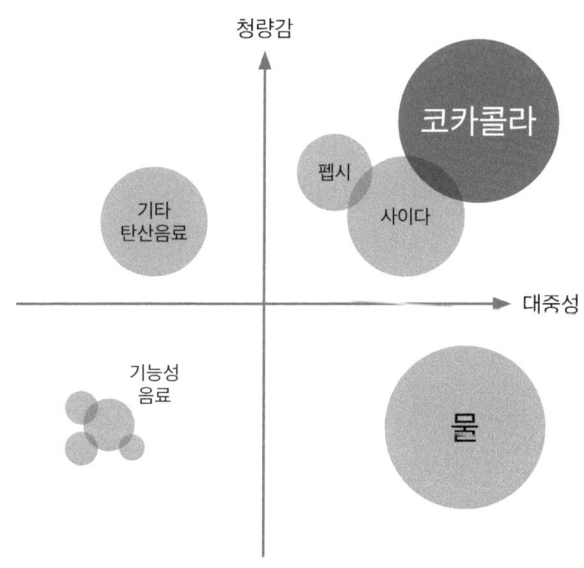

※위 그림은 이해를 돕기 위해 임의로 작성된 것이므로 실제와 다를 수 있습니다.

[그림 5-1] 코카콜라의 포지셔닝 맵

코카콜라는 위와 같이 청량감과 대중성(전통)이라는 측면에서 확고한 우위를 차지하고 있었다. 그러나 코카콜라 측에서는 대중성, 전통성이라는 축을 새로움, 변화라는 축으로 바꾸고자 했으나 소비자는 이것을 받아들이지 않았다. 코카콜라의 소비자는 새로운 변화보다는 전통, 대표성 등 정통을 추구하려는 경향이 더 강했다는 것을 간과한 것이다.

앞에서 예로 든 게토레이의 포지셔닝 맵도 그려 보자. 게토레이는 음료 시장의 강자인 탄산음료가 가지고 있는 경쟁 우위 점인 청량감이라는 축을 버리고 갈증 해소라는 새로운 축을 도입했다. 그리고 청량음료의 단점인 단맛을 줄인 건강한 맛을 또 하나의 축으로 설정하였다. 갈증 해소라는 축과 건강한 맛이라는 두 축으로 게토레이의 포지셔닝맵을 그려 보면 다음과 같다.

포지셔닝 맵의 축을 '갈증 해소'와 '달지 않은 (건강한) 맛'으로 바꾸니, 탄산음료도 물도 차지하지 못한 새로운 빈 공간이 생겼다. 게토레이는 이 빈공간을 '달지 않은 갈증 해소 음료'라는 카테고리를 만들어 차지했다. 게토레이는 '달지 않은 (건강한) 맛'이라는 인식을 심어 갈증 해소에 가장 강력한 경쟁자인 물을 무미건조한 맛의 음료로 전락시켜 버렸다.

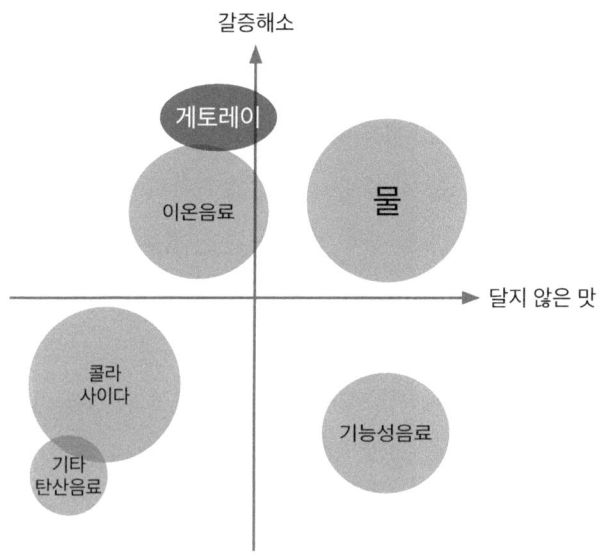

[그림 5-2] 게토레이 포지셔닝 맵

다음은 대한민국에서 가장 유명한 마케팅 사례 중 하나인 미원과 다시다의 사례를 들어 보자. '미원'은 우리나라 조미료 시장의 대명사로 경쟁사인 제일제당의 '미풍'을 가볍게 누르고 90% 이상의 점유율을 가졌던 브랜드였다. 당시 제일제당은 삼성그룹의 일원이었는데, 삼성이 다른 분야는 다 1위를 해보았는데 조미료에서만은 미원을 이기지 못해, 고 이병철 삼성그룹 회장이 그의 자서전에 '세상에서 마음대로 안 되는 것이 골프와 자식 그리고 미원'이라고 했을 정도로 안타까워했었다고 한다.

제일제당은 '미원'을 공략하기 위해 '미풍'이라는 브랜드에 마케팅 자원을 집중적으로 투자했다. 대한민국 제일의 삼성이 조미료 시장에서 '미원'이라는 제품에 처참하게 무너지고 있다는 상처 난 자존심을 회복하기 위해서 말이다. 그렇게 수년에 걸쳐 집중 공격을 퍼부었음에도 미원은 끄떡없었다. 그 이유는 무엇이었을까? '미원'이나 '미풍'은 모두 화학조미료이다. 시장의 후발 주자인 '미풍'이 동일한 인공조미료 시장에서 동일한 무기인 MSG를 가지고 싸움을 벌였으니 이길 수 있는 싸움이 아니었던 것은 당연하다.

그래서 제일제당은 절치부심한 끝에 결국 새로운 시장을 열기로 결정한다. 즉 싸움의 장을 옮기기 위해 새로운 경쟁 축을 세워 게임의 룰을 바꾼 것이다. 그 결과 난공불락과 같았던 '미원'은 단순한 포지셔닝 축의 변화 하나로 한순간에 무너지고 만다.

제일제당은 **'다시다'**라는 브랜드로 난공불락의 화학조미료 시장에서 탈피하여 천연 조미료 시장을 새로 연 것이다. 당대 최고 배우였던 김혜자 씨를 모델로 하여 '고향의 맛'이라는 컨셉으로 '다시다'를 출시하여 시장의 판도를 바꾼다. '다시다'는 천연 조미료 시장을 새로 열었고 '건강한 고향의 맛'으로 소비자의 욕구를 충족시켰다. 이렇

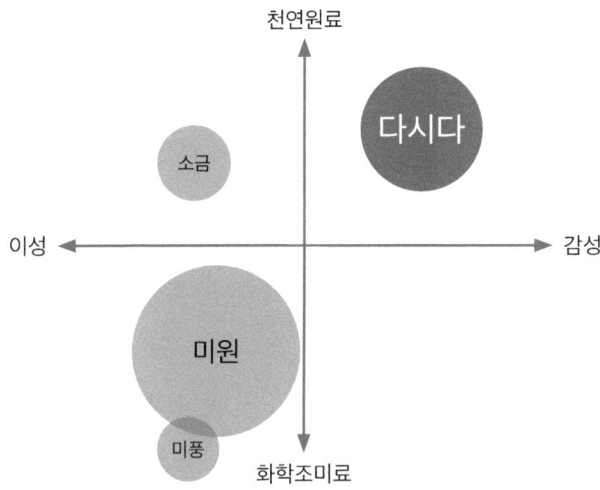

※위의 맵은 이해를 돕기 위해 작성된 것으로 실제와 다를 수 있습니다.

[그림 5-3] 다시다 포지셔닝 맵

게 포지셔닝 축의 변화는 새로운 시장을 열어주며, 게임
의 룰을 바꾸고, 소비자의 마음속에 새로운 브랜드를 각
인시켜 주는 매우 놀라운 마술이다.

포지셔닝 선언문 작성하기

이렇게 포지셔닝 맵이 완성되고 난 후에는 지금까지 STP 전략에서 추출된 내용을 함축하는 포지셔닝 선언문(Positioning Statement)을 작성하는 것이 좋다. 보통 포지셔닝 선언문은 '특정 타겟 (특정 욕구를 가진 고객을 목표로 하는 세분시장)에게 우리 브랜드는 어떠어떠한 가치(혜택)를 제공해 주는 어떠어떠한 컨셉의 제품(혹은 서비스)이다'라고 쓰는 것이 일반적이다. 이 한 문장으로 표현된 선언문은 전체 마케팅 전략을 관통하는 헌법과 같은 역할을 한다.

예를 들어 동네에서 흔히 볼 수 있는 중소형 슈퍼마켓의 포지셔닝 선언문을 써보자. "○○ 슈퍼마켓은 쇼핑할 시간이 부족한 인근 거주민들에게 항상 신선하고 믿을 수 있는 식품과 생활용품을 가장 싼 가격에 24시간 배달 해 드리는 가장 가까이 있는 슈퍼마켓입니다." 이 선언문에는 '○○ 슈퍼마켓은 신선하고 믿을 수 있는 제품을 공급해 주는 가까이 있는 동네 슈퍼'라는 컨셉이 있고, '직장인 등 쇼핑 시간이 부족한 인근 거주민'이라는 명확한 타겟이 규정되어 있으며, '신선하고 믿을 수 있는 제품을 저렴한 가격으로 24시간 배달해 준다'라는 가치와 혜택이 명시되어 있다.

시장 환경이 변화되지 않는 한, 여기에 명시된 포지셔닝 선언문은 수정되어서는 안 된다. 또한 이것을 고객에게 전달하기 위해 기업은 일관되고도 상호보완적인 전략을 수립해서 집행해야 한다. 단순히 선언문으로 그친다면 고객은 떠나가고 절대 다시 돌아오지 않을 것이기 때문이다.

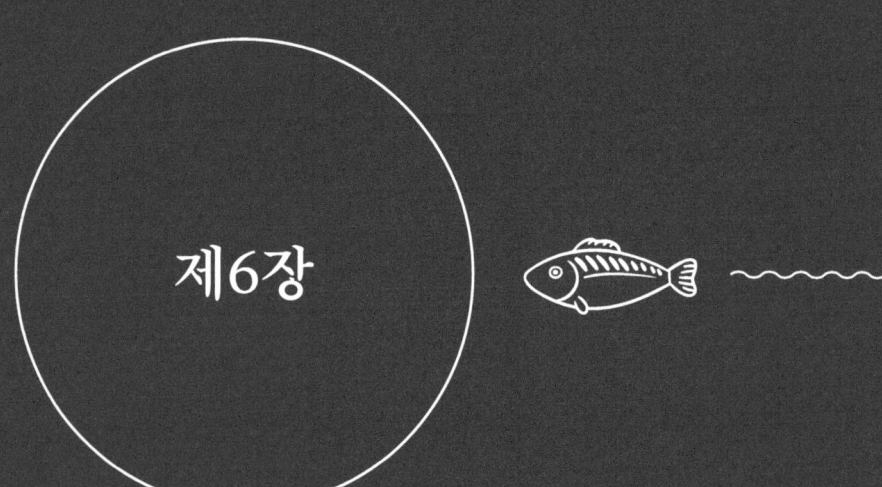

제6장

컨셉은
브랜드의
이정표

끌어당기는 힘이 있는 컨셉 만들기

컨셉*이라는 단어는 일상생활을 하면서 흔히 접하는 말이다. 누구나 쉽게 사용하고 있는 말이지만 막상 컨셉이 무엇인지를 물어보면 즉각 대답하지 못하고 머뭇거릴 때가 있다. 커피를 마시려고 들린 카페에서 멋진 실내장식과 독특한 메뉴를 보고 "이 카페 컨셉이 독특하네!"라고 말하기도 하고, 상사에게 신규 프로젝트 기획안을 올리면 "이 기획안의 컨셉은 뭡니까?"라는 질문을 받기도 한다.

---

* 컨셉 : 영어로는 concept이며 외래어 표기법으로는 '콘셉트'라고 표기해야 옳으나, 마케팅에서는 일상적으로 '컨셉'이라는 발음으로 사용하므로 혼선을 방지하기 위하여 '컨셉'으로 표기하였다.

이렇게 컨셉이라는 단어는 생활 속에 스며들어 있어 자기도 모르게 사용하는 일상적인 말이 되었다.

컨셉을 사전적인 의미로 설명한다면 '드러내려고 하는 주된 생각'이라고 할 수 있다. 즉, 우리가 무언가를 계획하거나 만들 때 기본적으로 가지는 생각이나 담고자 하는 철학을 의미한다. 컨셉은 내가 원하는 사람들에게 어떤 모습으로 보여지고 싶은지에 대한 지향점을 제시한다고 할 수 있다. 그래서 컨셉은 의도한 대로 명확하게 잘 전달될 수 있도록 하는 이정표 역할을 한다. 이것이 바로 마케팅이나 브랜딩에서 컨셉이 중요하다고 말하고 있는 이유이다.

오늘날의 소비자들은 쏟아져 나오는 제품과 브랜드 정보들 사이에서 무엇을 어떻게 선택해야 할지에 대해 고민에 휩싸여 있다. 소비자에게 제품과 서비스를 제공하는 기업으로서는 넘쳐나는 비슷비슷한 제품들 사이에서 소비자에게 선택받기 위해서는 명확하고 차별화된 컨셉이 필수적이다. 이제는 단순히 가격이 합리적이고 품질이 좋다는 자부심만으로는 살아남을 수 없는 세상이다. 시장의 수많은 제품과 서비스 중에서 소비자가 나를 발견하게 만드는 힘, 즉 고객을 끌어당기는 힘을 찾아야 한다. 좋은 컨셉이 그런 역할을 한다. 고객에게 구매로 이어질 명확한 '판단기준'을 부여할 뿐만 아니라 대가를 지급할 이유를 제공해 준다.

소규모 기업일수록 정보 과잉 시대에 대응하기 위해 고객을 끌어당길 수 있는 컨셉을 제공하여 고객이 정보 탐색에 소비하는 시간을 단축해 주는 것이 경쟁에서 살아남는 지름길이다. 소규모 기업에 있어 컨셉이란 단단한 기반 위에서 성장을 도모하고, 시장 내 경쟁에서 독특한 위치를 확보하는 중요한 역할을 한다는 것을 잊지 말아야 한다.

차별화된 가치와 혜택을 담아라

컨셉은 단순한 아이디어가 아니라, 브랜드의 정체성을 반영하고 소비자에게 전달하고자 하는 핵심 메시지와 가치를 담고 있다. 컨셉은 제품 개발부터 가격, 유통, 패키징, 프로모션, 광고 활동에 이르기까지 모든 마케팅 활동의 기준이다. 따라서 컨셉 스테이트먼트(Concept Statement)를 명확히 작성하여, 브랜드의 '헌법'으로 삼아 일관성 있게 관리해야 한다.

컨셉은 우리의 제품이나 서비스가 경쟁사와 구별되는 고유한 특징을 말해준다. 또 컨셉은 고객이 왜 우리의 제품이나 서비스를 선택하고 구매해야 하는지를 명확하게 전달해야 한다. 여기서 가장 중요한 요소가 '가치'와 '혜택'이다. 그러므로 마케팅에서 컨셉은 소비자가 관심을 가질 수 있는 가치가 담겨 있어야 하고, 구매로 이어지게 할 수 있는 혜택이 담겨 있어야 한다. 즉 경쟁자들과 차별화된 다른 점을 갖고 있어야 할 뿐만 아니라 소비자가 원하는 가치와 혜택을 품고 있어야 끌어당기는 힘이 있는 컨셉이라고 할 수 있다.

여기에서 가치는 고객이 우리의 제품이나 서비스를 사용함으로써 느낄 수 있는 유용성이라고 할 수 있다. 이는 제품의 품질, 브랜드의 신뢰성, 독특한 디자인, 친환경적인 요소 등 다양한 형태로 나타난다. 가치가 높을수록 고객은 제품이나 서비스에 더 큰 관심을 가지게 된다. 예를 들어, 애플의 아이폰은 단순한 스마트폰 이상의 가치를 제공하고 있다. 고품질의 디자인, 강력한 성능, 그리고 애플 생태계와의 연동성 등이 아이폰의 가치를 높이는 요소이다.

혜택은 고객이 제품이나 서비스를 사용하면 얻게 되는 구체적인 이점이다. 이 혜택으로 고객은 자신의 문제를 해결할 수도 있고, 편리함을 누리거나 시간 및 비용을 절감할 수도 있고, 또 즐거움이나 행복감을 얻는 등 다양한 형태의 만족을 경험할 수 있다. 경쟁자와 차별화된 우리만의 혜택을 강조함으로써 고객에게 선택하고 구매할 분명한 이유를 제공하는 것이다.

예를 들어 빨래를 스스로 접어서 정리하는 로봇을 판매한다고 가정해 보자. 이 제품은 많은 빨래를 손으로 하나하나 접을 때 들이는 시간을 절약하게 해주고, 버튼 하나로 빨래가 깔끔하게 개어서 정리가 되니 옷장에 넣는 일만 하면 되어 편리함을 제공한다. 그래서 결국 집안일의 번거로운 부분을 해결해 주어 스트레스를 줄여주는 혜택이 있다. 강력한 혜택은 실제 고객이 얻을 수 있는 비용적, 심리적, 사회적 이점을 제공하므로 고객의 지갑을 열게 만드는 힘이 있다.

망하는 컨셉을 피하고 성공하는 컨셉 만들기

컨셉이 마케팅의 성패를 좌우하는 핵심 요소라면, 그

컨셉을 어떤 방향으로 설정하느냐 하는 것은 매우 중요한 문제다. 좋은 컨셉은 고객을 끌어당기고 시장에서 브랜드를 돋보이게 하지만, 잘못된 컨셉은 오히려 혼란을 주고 고객의 외면을 받게 한다. 아무리 막대한 비용을 들여서 광고해도 컨셉이 흔들리면 고객은 브랜드의 메시지를 이해하지 못하고 떠나버린다. 따라서 컨셉을 정할 때는 '망하는 컨셉'의 특징을 피하고, '성공하는 컨셉'의 조건을 명확히 알고 전략적으로 접근해야 한다.

먼저 망하는 컨셉의 특징에 대해 알아보자.

첫째, **망하는 컨셉은 고객보다는 우리 것에만 집착하는 특징**이 있다. 많은 기업이 자사 제품이나 서비스의 장점을 강조하기 위해 '최고의 성능', '남다른 서비스'와 같은 표현을 많이 사용한다. 그러나 소비자는 '그래서 나한테는 무슨 이익이 있지?'라고 반문하게 된다.

예를 들어, 한 중소기업이 청소기를 출시하면서 '새로운 기술을 적용한 강력한 3단 흡입력'을 컨셉으로 내세웠다고 가정해 보자. 그러나 모든 청소기가 '신기술을 바탕으로 한 강력한 흡입력'을 강조하고 있으므로 차별점이 없을 뿐만 아니라, 이 청소기가 나에게 주는 혜택이 무엇인지가 불분명하다. 후발 소기업이라면 시장을 조금 더 세분화해서 타겟을 좁혀 들어가는 컨셉을 고민해야 한다.

예를 들어 주말에 늦잠도 자고 집안일에서 벗어나고 싶은 맞벌이 부부를 타겟으로 설정하였다면 '새로운 기술의 3단 흡입력이 청소 시간을 줄여 주말 휴식을 더 달콤하게 해드립니다'라는 메시지를 던질 수 있다. 귀가 시간이 늦은 직장인을 대상으로 한다면 '무소음 설계로 늦은 시간에도 층간소음 걱정이 없습니다'라는 컨셉도 가능하다. 잘 설정된 목표 고객과 목표 고객의 혜택을 강조한 컨셉은 고객과의 공감대를 형성하고 구매 의욕을 자극한다.

실례로 서울우유는 '아침에 주스 듀엣(반반 주스)'을 개발하여, 한 번에 두 종류의 주스를 마실 수 있어 건강과 편의성을 모두 얻을 수 있다고 강조했다. 짬짜면처럼 한 용기에 칸을 막아 소비자들이 선택의 고민 없이 두 가지 주스를 동시에 마실 수 있도록 한 것이다. 그러나 소비자들은 굳이 두 맛의 주스를 한꺼번에 마실 필요가 없다고 생각했고, 또 제품 용량이 작고 가격이 비싼 점도 부담스럽게 여겼다. 제품 개발 과정에서 소비자의 욕구를 충분히 검토하지 않고, 공급자 중심의 사고방식으로 제품을 개발한 결과로 대표적인 실패 사례라고 할 수 있다.

둘째, 망하는 컨셉은 진정성이 없는 특징이 있다. 기업이 자신들의 철학이나 실제 제공하는 가치와 무관한 이미지를 앞세운다면 소비자는 그것을 쉽게 알아차리고 외면

한다. 예를 들어, 친환경을 컨셉으로 내세웠지만 실제 제품은 플라스틱으로 포장되어 있다면 고객은 기만당한 느낌을 받고 브랜드를 멀리하게 된다. 컨셉은 기업의 실체와 진정성 있게 연결되어야 한다.

셋째, **망하는 컨셉은 차별성이 없다는 특징**이 있다. 시장에서 이미 존재하는 유사 브랜드들과 거의 동일한 컨셉은, 고객에게 아무런 인상을 남기지 못한다. 모방형 컨셉은 단기적으로는 성과가 있을지 모르지만, 장기적으로는 시장에서 잊힌다. 소비자는 수많은 비슷한 종류의 제품과 서비스 중에 차별화된 가치나 독특한 혜택을 찾아가기 때문이다. 따라서 기업은 자신만의 고유한 가치를 명확하게 하고 이를 효과적으로 강조해야 한다.

넷째, **망하는 컨셉은 한꺼번에 너무 많은 메시지를 전달**하려는 특징이 있다. 한 소기업에서 기능성 음료를 출시한다고 가정해 보자. 이 기업은 디지털 광고를 집행하면서 이 많 광고비를 투자하는 김에 우리 제품의 장점을 가능하면 많이 알려주고 싶어 할 것이다. 그래서 경쟁 제품 보다 고함량의 비타민C, 면역력 강화 성분 함유, 고단백, 저칼로리, 그리고 맛까지 있다고 광고한다. 이런 제품을 과연 누가 무슨 이유로 선택할까? 이렇게 많은 메시지를 접하면 고객들은 오히려 선택의 기준점을 잃고 만다.

공던지기를 할 때 공을 하나씩 던지면 잘 받을 수 있지만, 공을 두 개나 혹은 세 개를 한꺼번에 던진다면 어느 공을 받을 것인지 망설이다가 하나의 공마저도 못 받게 되는 경우가 있는 것과 마찬가지이다.

메시지는 간단명료해야 한다. 그리고 목표 고객도 명확해야 한다. 특히 음료 시장은 더욱더 그렇다. 위에서 예로 든 기능성 음료를 다이어트 고객을 대상으로 한 면역력 강화 음료로 포지셔닝한다면 '면역력은 업, 칼로리는 다운!' 이라는 메시지를 던질 수 있다. 다이어트하는 고객은 영양소 공급 부족으로 면역력이 떨어질 수도 있다는 두려움이 있을 수 있기 때문이다. 그 외에도 컨셉을 만드는데 주의할 점은 너무 전문적인 메시지를 던져서는 안 된다. 이해할 수 없을 정도로 전문적이거나 복잡한 컨셉은 누구도 관심을 가지지 않을 뿐 아니라 이해하기도 어렵다.

마케팅은 단순한 광고나 홍보가 아니다. 마케팅은 소비자와 상호작용을 하며 소통하는 과정이며, 제품이나 서비스가 제공하는 가치를 고객에게 효과적으로 전달하는 예술이다. 그 중심에 컨셉이 있다. 성공적인 컨셉은 날카롭고 뾰족하며 엣지가 있어야 한다. 컨셉이 날카롭다는 것은 명확하고 공감력이 크다는 말이다. 소비자는 복잡하고 애매한 메시지에 관심을 두지 않는 대신, 간결하고 명확하게 전달되는 메시지에 더욱 큰 관심을 보인다. 컨셉이 뾰족하다는 것은 특정한 타겟층을 명확히 설정하고 그들에게 집중한다는 의미다. 모든 사람을 만족시키려는 마케팅은 결과적으로 누구에게도 깊은 인상을 남기지 못한다. 대신 명확한 타겟을 겨냥한 마케팅은 더 강력한 힘을 발휘할 수 있다.

한국의 스타트업 **직방**을 예로 들어 보자. 직방은 부동산 중개 플랫폼으로, 초기에는 미혼의 20~30대 젊은 층을 주 타겟으로 설정했다. 이들은 오프라인 부동산중개업자가 아닌 모바일을 통해 쉽고 빠르게 부동산 정보를 얻고자 하는 니즈가 강했다. 직방은 이들의 요구를 충족시키기 위해 사용자 친화적인 모바일 앱과 간단한 인터페이스를 제공했고, 타겟층이 원하는 지역과 타입을 중심으로 상품을 구성하여 빠르게 시장에서 입지를 다져 나갔다. 뾰족한 컨셉은 이처럼 타겟층의 요구에 정확히 부합하는 전략을 만들어 낸다.

컨셉에 엣지가 있다는 말은 경쟁사와의 차별화되는 독특한 가치를 제공한다는 뜻이다. 이는 전략적으로 시장을 세분화하고, 목표로 하는 고객을 선정하며, 포지셔닝을 통해 그들에게 제공할 가치와 혜택을 결정하고 전달하여 고객에게 강력한 인상을 남긴다는 말이다.

화장품 브랜드 **라네즈**는 '워터 슬리핑 마스크'라는 제품으로 큰 성공을 거둔 바 있다. 이 제품은 '밤사이 피부에 수분을 공급한다'라는 독특한 컨셉으로 시장에 출시되었고, 이는 기존의 피부관리 제품과 차별화된 엣지를 가지고 있었다. 피부에 수분을 공급하는 것은 하루 종일 해야 한다는 인식이 있었으나, 밤사이 피부가 회복하는 동안에 수분을 공급해 줌으로써 피부관리가 간편해졌다는 혜택을 제공하게 된 것이다. 라네즈는 이 차별화된 컨셉을 중심으로 마케팅을 전개하며, '슬리핑 수분 공급 팩'이라는 새로운 시장을 개척할 수 있었다. 엣지있는 컨셉은 이렇게 독창적이고 차별화된 가치를 제공해야 한다.

작은 기업만의 경쟁력 있는 컨셉 만들기

오늘날 시장은 빠르게 변화하고 있으며, 소비자의 기대 수준은 점점 더 높아지고 있다. 대기업들은 막대한 자본과 인프라를 바탕으로 브랜드 파워를 구축하고 있지만, 그렇다고 해서 소규모 후발 기업이 경쟁에서 밀릴 수밖에 없는 것은 아니다. 오히려 규모가 적기 때문에 더 민첩하고 유연하게 움직일 수 있다는 장점이 있고, 후발 기업에는 독자적인 컨셉을 구축할 기회가 있다. 관건은 '어떻게 경쟁력 있는 컨셉을 도출할 것인가'에 있다. 그러면 지금부터 소규모 후발 기업이 경쟁력 있는 컨셉을 만들기 위해 고려해야 할 네 가지 핵심 요소에 대해 알아보자.

첫째, **시장을 작게 쪼개서 접근**하는 방법이 필요하다. 큰 시장을 대상으로 접근하려다 보면 무심코 큰 기업의 방법을 모방하고 있는 자신을 발견하게 될 수도 있다. 그렇게 되면 자기만의 고유한 고객을 확보하지 못한 채, 선발기업의 고객이 우리에게 눈을 돌려 주기를 바라보는 일밖에 하지 못한다. 선발주자가 놓치고 있는 시장, 선발주자 고객이 만족하지 못하는 욕구에 눈을 돌려 이 시장을 선점하는 것이 중요하다. 즉 전체 시장이 아닌 특정 고객의 특정 TPO를 중심으로 한 시장으로 눈을 돌려야 한다. 그러한 시장을 찾아내는 방법으로는 사용 후기 분석(블로그, 리뷰, 커뮤니티 등), 고객 인터뷰 및 관찰조사를 통해 불편함을 느끼는 분야 적어보기, 기존 제품의 단점을 정리하고 반대로 접근하기 등이 있다.

두 번째는 **고객과의 공감대를 기반**으로 컨셉을 도출해야 한다는 것이다. 후발 기업일수록 제품의 기능이나 품질뿐만 아니라 고객의 감정, 태도, 욕구에 더 민감하게 반응해야 한다. 경쟁력 있는 컨셉은 고객의 마음에서 출발

한다. '이 제품은 내 고민을 진짜 이해하고 있구나', '내 상황에 딱 맞는 브랜드구나'라는 공감의 지점이 형성될 때, 컨셉은 경쟁력을 갖는다. 예를 들어, 다이어트 식품 시장에서 후발 브랜드가 '먹는 걸 즐기는 사람도 할 수 있는 편안한 다이어트'라는 메시지를 제시하면, 강도 높은 식단에 지친 고객들의 공감을 얻을 수 있는 것처럼 말이다.

경쟁력 있는 컨셉은 고객이 듣고 싶어 하는 감성 언어로 이야기하는 것이다. 이를 도출할 수 있는 방법으로는 감정 기반 페르소나(고객 욕구, 두려움, 기대, 언어 표현 등을 중심으로)를 만들어 보는 것도 좋다. 또 고객과의 대화를 통해 고객이 자주 사용하는 언어를 파악해 내는 것도 좋은 방법이다. 더불어 고객들이 온라인 커뮤니티나 후기에서 자주 쓰는 문장이나 단어들을 분석하여 정리하는 것도 좋다.

세 번째로는 **강력하게 끌어당기는 힘이 있는 헤드라인**이 필요하다. 헤드라인은 소비자가 가장 먼저 접하는 부분이다. 강력하고 명확한 헤드라인은 소비자의 관심을 끌고, 제품의 핵심 혜택을 즉시 전달하는 역할을 한다. 헤드라인을 작성하기 위해서는 우선 제품이나 서비스가 제공하는 핵심적인 혜택을 명확히 정의하는 것이 먼저다. 이는 소비자가 얻을 수 있는 가장 큰 이점을 의미한다. 효과적인 헤드라인은 짧고 강렬한 문장으로 구성된다. 불

필요한 단어를 제거하고 핵심 메시지를 명확히 전달하는 것이 중요하다. 몇 가지 후보안을 작성한 후, 잠재 고객이나 내부 팀을 대상으로 테스트를 진행하는 것도 좋은 방법이다.

네 번째, **진정성과 민첩성**으로 승부해야 한다. 이것은 작은 기업이기 때문에 가능한 일이다. 소규모 기업은 대기업과 비교해 자원은 부족하지만, 대신 빠르게 움직일 수 있는 기동성과 직접 소통할 수 있는 진정성이라는 강력한 무기를 갖고 있다. 고객의 피드백을 즉시 반영하고, 실명으로 소통하거나 얼굴을 드러내는 창업자 스토리도 효과적이다. 예를 들어 수제 디저트 브랜드가 고객 한 명 한 명에게 직접 손 글씨 메모를 동봉하며 '고객을 특별하게 여긴다'는 컨셉을 구축한다면 소셜 미디어를 통해 빠르게 팬덤을 형성할 수 있을 것이다.

이를 위해서는 고객의 피드백을 매일매일 수집하고 대응해야 한다. 그래야만 빠르게 변화하고 개선하는 모습을 고객에게 보여줄 수 있고, 진정성이라는 컨셉이 공고해질 수 있다. 또 진정성으로 승부하기 위해서는 사람 중심의 브랜드 철학을 내세우면 성공 가능성이 높다. 예를 들면, 창업 과정을 콘텐츠화한다든지 꼼꼼한 장인 정신으로 무장한 제작 과정을 공개하는 것도 하나의 대안이

될 수 있다.

마지막으로는 컨셉을 **일관성있게 시각화**하여 고객이 쉽게 체득할 수 있도록 도와주어야 한다. 시각화는 디자인, 색깔, 톤앤매너'는 말할 것도 없고, 고객을 응대할 때의 복장, 언어, 제스처, 디스플레이, 배송 등 모든 고객 접점에서 일관성있게 이루어져야 한다. 그러기 위해서는 브랜드 톤앤매너를 통일화하는 매뉴얼이 필요하다. 매뉴얼은 큰 비용을 들이지 않더라도 내부에서 토의를 거쳐 만들 수 있다.

인력이 부족하고, 자금이 부족한 작은 기업이기 때문에 경쟁력있는 컨셉을 만들 수 없다는 것은 어불성설이다. 규모가 작으므로 더 날카롭게 고객을 공략할 수 있고, 후발 주자이기에 더 새롭게 접근할 수 있다. 그 가능성은 바로 컨셉으로부터 시작된다. 컨셉은 단지 홍보나 광고의 문구가 아니라, 브랜드의 철학이며 마케팅 전략의 핵심이고, 기업과 고객을 연결하는 다리다. 핵심은 명확하고 차별화된 컨셉을 도출하여, 그것을 고객이 체감할 수 있도록 모든 고객 접점에서 일관되게 전달하는 것이다.

---

* 톤앤매너 : Tone and Manner, 브랜딩이나 디자인 등에서 고객에게 전달되는 전체적인 분위기와 표현 방식을 말한다.

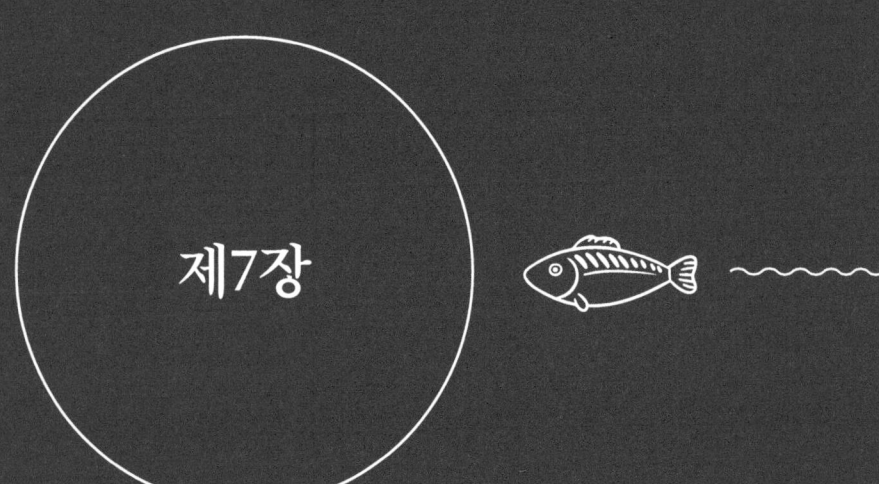

제7장

모든 비즈니스는
브랜드로
귀결된다

브랜딩은
고객과의 약속을
지켜나가는 과정이다

　흔히 브랜드 전략이라고 하면 상표명이나 로고 디자인을 만드는 것으로 생각하는 경우가 많다. 브랜드의 기원은 옛날 유목민들이 자신이 키우는 소의 소유권을 표시하기 위하여 소에 인두로 표식을 새긴 것이 그 시초였다. 처음에는 단순히 내 소와 다른 사람의 소를 구분하기 위하여 시작되었으나, 점차 어떤 사람의 소는 무게도 많이 나가고 병에 걸리지도 않는 건강한 소인 반면 어떤 사람의 소는 마르고 병약한 소라는 인식이 생기기 시작했을 것이다. 그래서 건강한 소를 소유한 사람은 남보다 비싼 값에 소를 팔 수 있었을 것이고, 반면 약한 소를 소유한 사람은 그보다 못한 대가를 받을 수밖에 없었을 것이다.

처음에는 소유권을 나타내는 단순한 표식이었다가 점차 보유하고 있는 자산의 가치에 따라 브랜드의 가치가 다르게 매겨지게 된 것이다. 즉 소에 새겨진 표식이 멋진지 멋지지 않은지가 중요한 것이 아니라, 소의 상태가 좋은지 나쁜지가 중요한 요소가 된 것이다. 물론 상표명이나 디자인이 좋으면 당연히 브랜드 평판에 좋은 영향을 미치겠지만, 그것이 좋은 브랜드를 만드는 필요충분조건은 아니라는 말이다.

우리는 마케팅이라는 말을 아주 익숙하게 들어왔고 또 자주 사용하고 있다. 마케팅은 '마켓'이라는 명사에 현재진행형인 ~ing가 붙여진 단어이다. '마켓'에 현재진행형을 붙인 의미는 '기업과 고객이 시장이라는 곳에서 끊임없이 상호작용하고 있다'라는 것을 뜻한다. 즉 마케팅은 살아 있는 생명체처럼 계속 유기적으로 움직이며 고객과 끊임없는 상호작용을 통하여 고객이 원하는 가치를 제공하고 고객의 선택을 받는 과정이다.

그렇다면 브랜드는 어떨까? 마케팅과 마찬가지로 브랜드 역시 고객과 지속적인 상호작용으로 브랜드에 대한 평판과 인식을 심어나간다는 뜻으로 현재진행형인 ~ing를 붙여 '브랜딩'이라고 표현한다. 그러므로 브랜드 전략보다는 브랜딩 전략이라 표현하는 것이 더 맞는 표현이라고 할 수 있다. 마케팅 전략은 대부분 그 목표가 고객에게 브랜드에 대한 인지도를 높이고 좋은 인식을 심어주기 위한 마케팅인 경우가 많으므로 브랜드 마케팅이 대세라고 할 수 있다.

앞서 브랜딩은 제품의 싸움이 아니라 인식의 싸움이라고 한 것을 기억할 것이다. 고객의 머릿속에 좋은 인식을 심어주는 것이 브랜드 마케팅의 핵심이고, 고객에게 좋은 인식을 심어주기 위해서는 좋은 컨셉을 만들어 내는 것이 필수적이다. 앞서 설명한 대로 컨셉이란 기업에 있어서는 지향해야 할 방향을 가리키는 이정표와 같은 것이고, 고객에게는 반드시 지켜야 할 약속이라는 것을 잊지 말아야 한다. 컨셉이 올바른 방향으로 설정되어 있다면, 그 컨셉은 주변 환경의 변화가 일어나지 않는 한 무슨 일이 있어도 지켜야 할 고객과의 약속이다. 이것을 포기하거나 타협해서 물러난다면 고객과의 약속은 깨지게 되고, 그 순간 고객의 신뢰는 무너지고 떠나간다는 것을 명심해야 한다.

컨셉과
동일 선상에서
네이밍하라

컨셉은 기업 내부적으로는 이정표이자 고객에게는 약속이라고 했다. 이 말을 뒤집어서 다시 생각해 보면, 브랜드 컨셉은 고객지향적 관점에서 도출되어야 한다는 말과 같다. 고객지향적이라는 말은 무엇일까? 그것은 바로 '무엇을 어떻게 팔까'에 대한 고민이 아닌 '고객들은 무엇을 필요로 하고 왜 살까?'에 대한 고민이 필요하다는 말이다. 이런 고민을 거듭하다 보면 우리 사업의 본질에 대해서 다시 생각하게 될 것이다. 지금까지는 기업으로서 어떤 제품을 만들어 팔까를 고민해 왔지만, 앞으로 어떤 고객들이 무엇을 왜 살까에 대해 고민하다 보면 사업의 본질이 다시 보이기 시작할 것이기 때문이다.

예를 들어 시장에 후발로 뛰어든 화장품 스타트업이 있다고 가정해 보자. 이 회사는 기능성 물질에 강점을 보유하고 있어 다른 선발 그룹에 비해 우수한 제품력을 보유하고 있다고 자부하고 있다. 특히 천연 원료를 사용하여 인체에 해로운 성분이 없으며 손상된 피부의 회복력을 높이는 성분을 함유한 프리미엄 화장품이라는 점을 대대적으로 홍보하고 있다. 그런데 노력한 만큼 성과는 그리 탐탁스럽지 않았다. 그 이유는 무엇일까? 여러 가지 이유가 있겠지만 고객지향적 컨셉이 아닌 제품 중심적 컨셉을 내걸고 있다는 것이 중요한 이유 중의 하나라고 할 수 있다. 화장품 시장에서는 천연 원료를 사용한 고기능성 고급 화장품이라는 컨셉은 파는 사람 중심의 컨셉일 뿐 아니라 차별성도 없는 그저 울림 없는 메아리일 뿐이다.

그렇다면 고객지향적인 접근은 어떤 것일까? 우리는 앞에서 고객에 대하여 분석할 때 언제 어디서 누가 왜 어떻게 구매하고 소비하는지를 생각하는 것이 중요하다고 했다. 화장품은 기본적으로 예뻐지고자 하는 욕구 때문에 구매하지만 단지 예뻐진다는 것만으로는 차별성이 없을 뿐만 아니라 고객의 숨겨진 욕구를 표현하기에는 역부족이다.

앞에서 예로 든 라네즈의 '워터 슬리핑 팩'의 경우, 피부가 회복되는 밤에 잠을 자는 동안 수분을 공급해 줄 수 있다는 컨셉은 다른 마스크팩과 완벽한 차별점을 보여주고 있다. 이러한 차별점은 고객의 라이프스타일과 TPO를 철저하게 분석한 결과 나올 수 있었을 것이다. 게다가 브랜드네임도 역시 '워터 슬리핑 팩' 아닌가? 차별적이고도 직접적으로 컨셉을 표현하고 있는 이름이다.

고객지향적 컨셉을 브랜드 네임으로 표현하려면 고객의 일상적 경험을 쉽게 전달하는 단어를 사용해야 한다. 어려운 외래어나 긴 합성어 같은 것은 전달하기 어려울 뿐 아니라 기억하기는 더더욱 어렵다. 가장 기억하기 쉬우면서도 컨셉을 직접적으로 전달하는 가장 잘 알려진 브랜드 네임 사례가 있다. 바로 **햇반**이다. 어려운 말이나 멋있는 말 하나도 없는, 그냥 말 그대로 '갓 지은 밥'이라는 뜻이다. 즉석밥이지만 집에서 갓 지은 밥처럼 따뜻하고 맛있다는 정서적 혜택까지 담고 있다.

브랜드 정체성이 가장 먼저 나타나는 것이 바로 브랜드 네임이다. 브랜드 네이밍을 할 때는 차별적이고 독창적이어야 한다, 발음하기 쉽고 기억하기 좋아야 한다, 확장성과 유연성을 가져야 한다, 등등의 고려 사항이 많지만, 무엇보다도 중요한 것은 브랜드가 지향하는 핵심적인 가치가 잘 표현되어야 한다는 점을 반드시 기억해야 한다.

감성으로 공감대를 형성하라

과거의 마케팅 이론은 소비자가 제품에 대한 정보를 받

아들일 때, 먼저 머릿속에서 제품에 대한 중요한 속성이나 특징을 받아들인 후에 마음속에서 감정이 발현되어 소비자의 구매 태도를 바꿔준다고 생각했다. 그러나 최근 마케팅 트렌드는 머릿속에서 생각하게 하는 것보다 가슴속에 감정을 일으켜 공감대를 형성하는 것이 훨씬 더 빨리 구매 행동을 유발한다고 생각하고 있다. 즉 가슴 속에서 먼저 구매를 결정한 후 머릿속에서 이성적으로 구매를 합리화하는 순서로 소비자의 구매 결정 단계가 바뀌었다고 보는 것이다.

감성마케팅을 잘 활용한 사례로 오리온 **초코파이** 정(情) 캠페인을 들 수 있다. 초코파이 사례는 대한민국 마케팅 성공 사례로 너무나 유명하다. 초코파이는 1970년대에 새로운 형태의 달콤한 과자로 출시되었고, 출시 후 과자로서는 비교적 큰 사이즈로 간식 대용으로까지 인식되며 소비자의 큰 사랑을 받고 엄청난 성공을 거두었다. 그러나 곧 유사한 경쟁 제품이 쏟아져 나왔고 점점 소비자의 관심에서 멀어져감에 따라 맛이나 크기 혹은 가격 등 기능적 변화만으로 승부하기엔 어려움이 크다는 것을 깨닫게 되었다.

이때 난관을 뚫기 위해 새로 시작한 캠페인이 바로 한국 고유의 감성을 내세운 '정 캠페인'이었다. '정(情)은 나누는 것'이라는 캐치프레이즈 아래, 초코파이를 단순한 간식이 아닌 사람과 사람 사이의 따뜻한 마음을 전달하는 매개체로 정의한 것이다. 초코파이의 광고는 가족, 친구, 이웃, 군인 등 다양한 계층의 이야기를 통해 정을 나누는 장면을 그려내었고, 소비자들은 이를 통해 미소를 짓기도 하는가 하면 눈물을 흘리기도 하면서 공감대를 형성해 나갔다.

정을 나누려면 초코파이 하나 가지고 충분할까? 최소한 두 개 이상이 필요하고, 한 박스가 필요할 수도 있다. 그래서 초코파이는 낱개 매출보다 박스 단위 매출이 주를 이루는 현상이 일어났다. 게다가 즉석 생일 파티에 생일 케익을 살 수 없는 상황이면 초코파이로 대체하여 정을 나누는 상황도 연출되었다. 또한 지금은 한류열풍을 타고 초코파이는 K-푸드의 대명사로 해외에서도 큰 인기를 끌고 있다.

이처럼 감성 마케팅이 큰 성공을 거두기 시작했고, 지금은 이성적인 접근보다는 감성적 접근 방법을 사용하는 마케팅 전략이 압도적으로 많은 시대로 접어들었다. 그러나 감성마케팅 방법을 사용한다고 모두 다 성공한다는 보장은 없다. 감성마케팅에서도 주의할 점은 역시 나의 감성이 아닌 소비자의 감성을 파악해야 한다는 점이다. 기업으로서 바라보는 감성은 소비자가 느끼는 감성과는 다르다는 것을 먼저 인식해야 하며, 소비자의 감성을 파악하기 위해서는 소비자의 의견을 유심히 듣고, 관찰해야한다. 그러고 나서 소비자의 눈높이에서 그 감성을 전달하는 것이 매우 중요하다.

감성마케팅을 너무 자주 사용하다 보면 식상할 수 있고, 또 차별화되기 어려운 단점이 있다. 이때는 유머를 사용한다든지, 사회적으로 관심을 받는 감성을 활용하는 방법도 좋은 방법이다. 특히 소규모 기업의 경우는 대기업에 비해 민첩하게 움직일 수 있고 고객과 직접적인 소통이 쉽다는 장점이 있으므로, 고객참여형 마케팅을 활용하는 것도 좋다. 예를 들어, 고객의 의견을 받아 브랜드 메시지로 사용한다든지 고객의 아이디어로 상품을 만든다면, 고객이 브랜드를 함께 만든다는 인식을 심어주어 고객과의 공감력을 높일 수 있고 팬덤을 형성할 수 있는 장점도 있다.

모든 고객 접점을 일관성있게 관리하라

브랜드 컨셉은 단순히 멋진 슬로건이나 이미지가 아니다. 고객이 브랜드를 인식하고 경험하는데 기본이 되는 핵심 철학이다. 그러므로 기업은 고객과 접점이 일어나는 모든 곳에서 브랜드 컨셉이 일관되고 통일성 있게 노출될 수 있도록 관리해야 한다. 이를 위해서는 브랜드 관리 매뉴얼을 만들어 활용하는 것이 좋다.

고객 접점은 제품/서비스, 오프라인 매장의 인테리어, 직원의 복장, 말투, 배경음악, 향기, 온라인 홈페이지나 쇼핑몰, 모바일 앱, 소셜 미디어, 광고, 홍보, 이벤트 및 체험 행사, 교환 및 환불이나 A/S와 같은 사후권리 등 마케팅의 전 과정에 걸쳐 있기 때문에 매우 세심한 주의를 기울이지 않으면 안 된다. 또 접점마다 특성이 다르고 상황이 다르므로 통일성 있게 컨셉을 전달하는데 어려움이 따를 수 있지만, 그렇다고 해서 예외를 두거나 느슨하게 적용하지 말고 철저히 관리하는 자세가 필요하다.

브랜드 컨셉이 일관성 있게 노출되기 위해서는 전 직원

이 브랜드에 대해 똑같은 생각을 가져야 하므로, 브랜드 컨셉을 전 직원과 공유하고 이해시키는 과정이 필요하다. 또 행동 요령을 매뉴얼화하여 언제든지 필요할 때마다 참고할 수 있도록 하는 것이 좋다. 현장에서 브랜드가 일관성 있게 고객에게 전달되고 있는지에 대해서는 주기적으로 모니터링하고 그 결과를 피드백하여, 문제점이 있으면 바로바로 개선해야 한다. 모니터링을 할 때는 고객을 직접 만나 인터뷰하기도 하고, 미스터리 쇼핑이라는 방법을 쓰기도 한다. 미스터리 쇼핑이란 고객을 가장한 미스터리 쇼퍼를 매장에 투입하여 브랜드 관리가 잘 되고 있는지를 모니터링하는 방법이다.

브랜드는 제품이 아닌 경험으로 인식되는 시대이다. 소비자가 브랜드와 접하는 모든 순간이 곧 브랜드의 얼굴이며, 그 접점에서 컨셉이 일관되게 전달되어야 브랜드가 '기억'되고 '선택'된다. 고객 접점은 기업의 모든 마케팅 활동에 걸쳐서 광범위하게 일어나기 때문에, 브랜드 마케팅은 비즈니스의 전 과정에서 모두 일어난다고 할 수 있다. 그것이 바로 '모든 비즈니스는 브랜드로 귀결된다'라고 표현한 이유다.

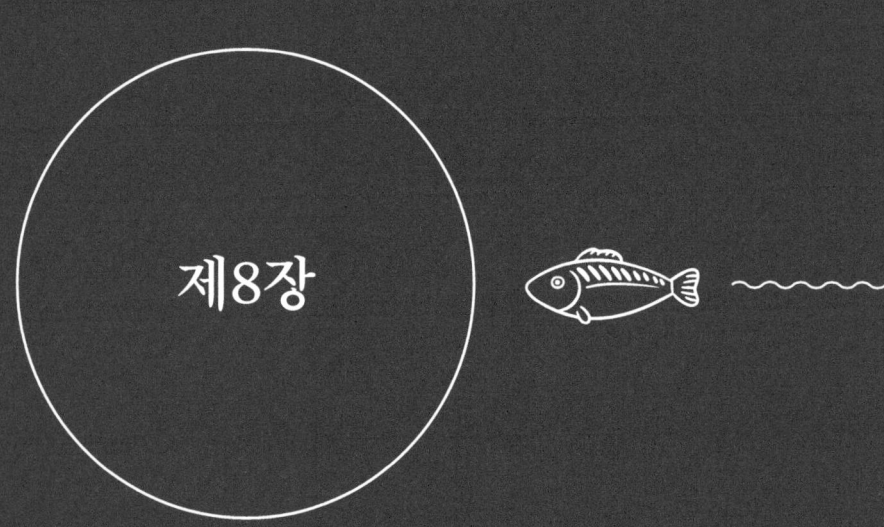

제8장

사회적 가치로
지속가능성
담보하기

ESG를 장착하라

거래하고 있는 다른 기업과 비즈니스 미팅을 하는데 상대방이 우리에게 ESG 분야에서 어떤 활동을 하고 있는가에 대해 질문하는 경우가 간혹 있다. 소기업의 경우는 당장 눈앞에 닥친 업무조차 처리하기 어렵고, 전문적인 인력을 채용할 만한 여력도 없는데 ESG는 언감생심 꿈도 못 꾸는 경우가 많다. 그런데 비즈니스파트너가 ESG에 대해서 질문을 던지면 당황스럽지 않을 수 없다. 그렇다고 외면하기만 할 수도 없는 과제가 된 ESG 경영! 소규모 기업도 현실적인 접근이 필요한 때가 되었다.

최근에는 많은 대기업 및 공공기관들이 협력업체에도 ESG 기준을 요구하고 있다. 납품·입찰 참여를 위해 ESG

성과를 요구하는 경우가 증가하는 중이다. 그러나 ESG는 이러한 외부적인 압박 때문에 마지못해 도입해야 하는 골칫덩이가 아니다. 소규모 기업도 미래의 큰 기업으로 성장하기 위해서는 반드시 선제적으로 도입해야 할 필수 아이템이라고 할 수 있다.

ESG를 도입하면 여러 측면에서 유리한 조건으로 거래가 성사된다거나 혜택을 받을 수도 있다. ESG 경영을 하는 중소기업은 정책자금, 저리 대출, 정부 보조금에서 우대받기도 하며, 향후 법제화될 경우 소규모 기업도 간접적인 영향을 받을 수 있으므로 선제적으로 대응하면 다른 기업에 비해 유리한 고지를 선점할 수 있다는 장점이 있다. 또 소비자는 가격과 품질뿐만 아니라 기업의 윤리성, 지속가능성, 사회적 책임을 고려하기도 하므로 가치소비를 하는 소비자에게 선택받을 가능성이 높아진다.

이 밖에도 에너지 절감, 자원 재활용, 친환경 포장재 사용 등을 통해 운영비 절감 효과를 가져올 수 있다. 그뿐만 아니라 직원 복지와 공정한 근로 환경 개선은 이직률 감소 및 우수 인재 유치에도 긍정적인 영향을 미쳐 우수 인재를 확보할 기회도 생길 수 있다. 특히 청년 세대는 ESG 감수성이 높은 기업을 선호하는 경향이 있다. 또 한편으로는 갑작스럽게 떠오르는 사회적 이슈(노동 문제, 환경 규제 등)에 대응하는 체계를 미리 갖춰 놓음으로써 스스로 위기를 극복할 힘이 축적되기도 한다.

ESG는 거창하게 보일지 모르지만, 소규모 기업들은 가장 현실적인 분야에서 작은 일부터 실천하면 그것이 바로 ESG 경영이다. 환경 분야에서는 종이 줄이기, 에너지 절약 캠페인, 친환경 포장재 개발, 지역 환경정화 활동도 좋은 예이며, 사회적 가치 분야에서는 직원 복지제도 개선, 지역 상생 활동, 장애인 고용 또한 어렵지 않게 할 수 있는 일이다. 또 지배구조 분야에서는 회계 투명성 강화, 윤리경영 선언 등도 도입할 만한 좋은 사례이다. 이처럼 무리한 목표 대신, 우리 기업이 잘할 수 있는 것부터 시작해야 한다.

최근에 ESG 경영의 일환으로 벌인 지역 상생 활동의 예로 **맥도날드**의 '한국의 맛' 프로젝트를 들 수 있다. 창녕 마늘, 보성 녹차, 진도 대파 등을 재료로 사용한 제품을 선보여 매출 증대뿐만 아니라 지역 농가 소득 증대에도 이바지했다. 그 외에도 스타벅스의 지역 특산물을 활용한 음료 개발, 편의점 업계의 지자체 특산물 시리즈 등의 사례가 있다. 이렇게 기업과 지역이 손잡고 지역 경제 활성화를 위해 탄생시킨 제품을 지칭하는 '로코노미(로컬+이코노미) 제품'이라는 신조어가 탄생하기도 하였다. 로코노미는 지역의 특성을 잘 알고 있는 소규모 기업이 도전할 수 있고, 가치소비를 지향하는 고객의 관심도 끌 수 있는 매력적인 ESG 분야라고 할 수 있다.

소규모 기업에게는 ESG가 부담스러운 과제처럼 느껴질 수 있지만, 새로운 기회의 문이 될 수도 있다. 이것을 억지로 해야만 하는 의무가 아니라, 다른 기업과 차별화된 경쟁력을 쌓는다는 의미로 받아들이는 시각이 중요하며, 거창한 계획보다 실천할 수 있는 작은 것부터 시작하는 자세가 필요하다. 앞으로는 ESG 경영을 '하는 기업과 하지 않는 기업'의 차이가 점점 벌어지리라고 생각된다. 늦기 전에 작은 것부터라도 시작한다면, 기업의 생존력과 지속가능성은 분명히 강화될 것이다.

업의 본질에 사회적가치를 담아라

한때 마케팅 기법으로 이익 일부를 사회에 환원하는 코즈 마케팅이 유행한 적이 있다. 코즈 마케팅(Cause Marketing)이란 환경이나 빈곤 문제 등 사회적인 이슈를 기업의 이익 추구에 활용하는 마케팅 기법을 이르는 말이다. 기업이 추구하는 사익과 사회가 추구하는 공익을 동시에 추구함으로써 소비자에게 좋은 이미지를 얻거나, 이를 통한 매출 증대를 목표로 하고 있다. 보통 소비자의 구매 활동으로 얻은 이익의 일부를 기업이 기부하는 형태의 구조를 취하고 있다.

기업의 사회적 책임(CSR : Corporate Social Response)이 강조되면서 대두된 마케팅 기법으로, 1980년대 신용카드 회사인 아메리칸 익스프레스사가 고객이 카드를 사용하거나 신규로 가입할 때마다 일정 금액을 자유의 여신상 복원 프로젝트에 기부한 것이 그 효시라고 알려져 있다. 또 2000년대 초반엔 미국의 신발 회사인 탐스슈즈가 신발이 한 켤레 팔릴 때마다 남미 저개발국 아이들에게 신발을 한 켤레씩 기부한 사례가 있고, 국내에서는 아모레퍼시픽에서 실시한 핑크리본 캠페인을 통해 판매액 일부를 유방암 재단에 기부한 사례 등이 있다.

위에서 언급한 코즈 마케팅의 대표적인 사례 중 하나인 **탐스슈즈**는 창립자 블레이크 마이코스키가 아르헨티나를 여행 하던 중 신발이 없어 맨발로 다니는 가난한 아이들을 보고 이들을 돕기 위해 '탐스'라는 브랜드로 사업을 시작했다. 'One for One' 캠페인, 즉 소비자가 신발 한 켤레를 구매할 때마다 제3세계 어린이들에게 같은 신발 한 켤레를 기부하는 이 사업 모델은 엄청난 호응을 받으며 큰 성공을 거두었다. 하지만 탐스는 신제품 개발에 소홀하여 이렇다 할 성공작을 내놓지 못하고 소비자들의 외면을 받아 결국 어려움에 직면하게 된다.

탐스슈즈 사례를 통해서 볼 때, 공익적 가치를 추구한다고 해서 반드시 기업의 생존과 경쟁력이 보장되는 것이 아니라는 점을 단적으로 알 수 있다. 탐스슈즈가 결국 어려움에 직면한 이유는 기업의 영속적 생존을 위해 기본적인 요소인 기술개발이나 소비자 욕구 충족 등에 소홀했던 것이 가장 크다고 할 수 있다. 아무리 선한 가치를 추구한다고 할지라도 본질적인 소비자의 욕구를 충족시키지 못하면 선택받을 수 없기 때문이다.

코즈 마케팅은 경쟁사 간에 혜택이 비슷하고 소비자가 어떤 것을 선택해야 할지 결정하기 어려울 때, 이왕이면 공익적 가치를 추구하는 회사의 제품을 선택하도록 도움을 주는데 유용하다고 할 수 있다. 그러나 소비자에게 제공하는 본질적인 혜택에서부터 차이가 난다면 소비자는 아무리 공익적 가치가 뛰어나다고 하더라도 혜택이 적은 제품을 선택할 리 만무하다.

반면에 사업의 본질에 사회적 가치가 녹아있는 사례도

있다. 아웃도어 의류 브랜드인 **파타고니아**는 단순히 친환경 제품을 만든다는 차원을 뛰어넘어 전사적으로 지구 위기에 대응하는 체계를 갖춘 사례로 꼽히고 있다. 파타고니아는 '우리는 지구를 구하기 위해 비즈니스를 한다'라는 것을 경영 철학으로 삼고 있으며, 환경 보호를 기업의 존재 이유로 내세우고 있다. 이를 위한 구체적인 노력으로는 제품 생산에 재활용 원단과 공정 무역 인증을 받은 노동력을 활용하고 있으며, 불필요한 소비를 줄이기 위해 자사 제품을 수선해 주는 'Worn Wear' 프로그램을 운영하고 있다. 이 프로그램은 '새로운 옷을 사지 말고, 입었던 옷을 입자'라는 슬로건 아래 파타고니아 제품을 수선하여 다시 입을 수 있도록 지원하는 서비스이다.

파타고니아 매출의 1%는 무조건 환경 보호를 위해 기부하고 있을 뿐만 아니라, 창립자 이본 쉬나드(Yvon Chouinard)는 자신의 지분 100%를 환경 보호를 위한 비영리 신탁기구에 기부하였다. 이러한 구조는 파타고니아가 더 이상 '전통적인 이익 추구 기업'이 아닌 '지속 가능한 공익 플랫폼'이 되었음을 보여주고 있다.

지금은 단순한 코즈마케팅을 넘어서, 지속가능성을 기업의 핵심 전략으로 삼아야 하는 시대이다. 다시 말해서 사업 자체에 가치가 녹아있어야 한다는 말이다. 기업은 자체적으로 지속 가능한 혁신적 솔루션을 개발할 수도 있지만, 지역 사회 혹은 가치를 공유하는 기업들과 함께하는 프로젝트를 통해 상생의 가치를 실현할 수도 있다. 이제는 진정한 사회적 책임과 지속가능성을 비즈니스의 핵심으로 삼는 새로운 접근이 필요한 때이다.

사회적 가치와 기업의 영속성은 동시에 이룰 수 있다

단순히 이익을 추구하는 것보다 사회적인 가치를 함께 창출하는 것도 좋기는 하지만, 과연 기업으로서 생존할 수 있을 것인지에 대해 우려하는 목소리를 간혹 듣곤 한다. 작은 기업이든 큰 기업이든 간에 궁극적인 목표는 매출이 늘어나서 수익이 나고, 고객이 우리 상품이나 서비스를 지속적으로 구매하여 성장해 가는 것이다. 그러나 이익 추구와 사회적 가치 추구는 과연 대척점에 있는 개념일까? 한쪽을 선택하면 다른 한쪽은 반드시 버릴 수밖에 없는 것인가?

사회적기업 컨설팅을 하다 보면 이익 추구와 사회적 가치 추구는 서로 상충하는 개념이라고 생각하는 기업들이

꽤 있다. 기업마다 처한 상황이 다르고 어떤 가치를 추구하느냐에 따라 처지가 다를 수 있기 때문에 그 말이 100% 틀린 말이라고 할 수도 없다. 그러나 기업이 제품이나 서비스를 고객에게 제공하고, 고객이 그 상품을 구매하는 프로세스는 일반 기업이나 사회적 가치를 추구하는 기업이나 모두 동일하므로, 그 과정에서 이익이 발생하는 것은 필연적이라고 할 수 있다. 물론 어떻게 하느냐에 따라 달라지겠지만 말이다.

사회적 가치와 기업의 영속성을 결합한 패러다임은 기업 경영의 기본 원칙을 새로운 시각으로 재정립하고 있다. 이 패러다임은 경제적 이윤과 사회적 책임을 상호 배타적인 개념으로 보지 않고, 오히려 서로를 강화하고 보완하는 요소로 보고 있다. 기업이 단순히 자선을 베풀거나 소극적으로 사회적 책임을 준수하는 수준을 넘어, 지금은 사회적 가치를 기업의 핵심 사업전략에 포함하고 있는 단계에까지 이르고 있다.

앞에서 사례로 든 파타고니아는 환경 보호를 핵심 경영 원칙으로 삼고도 연간 수백억 달러의 이익을 내면서 성공적으로 기업 활동을 영위하고 있는 모범적인 사례이다. 파타고니아의 환경 보호를 위한 경영 활동은 단순히 사회적 책임을 다하기 위한 것이 아니라, 파타고니아의 브랜드 아이덴티티 그 자체이다. 소비자들은 파타고니아의 철학에 공감하며, 이를 지지하기 위해 기꺼이 프리미엄 가격을 지급한다. 결과적으로, 파타고니아는 사회적 가치를 실현하는 동시에 꾸준한 성장세를 유지하며 영속성을 확보해 가고 있다.

탐스슈즈의 'One for One'기부 모델과 비슷한 개념으로 비즈니스를 시작한 또 다른 기업의 사례가 있다. 탐스슈즈가 '한 켤레를 구매하면 한 켤레를 기부한다'라는 단순한 기부 모델에 의존하여 초기의 성공 신화에도 불구하고 영속적인 성장을 이루지 못한 반면, **워비 파커(Warby Parker)**라는 안경 회사는 'Buy a pair, Give a pair'라는 똑같은 모델을 채택하였음에도, 고객 맞춤형 서비스와 사회적 가치의 균형을 통해 기업의 성장과 영속성을 이루어 냈다는 데 의미가 있다.

워비 파커는 기부활동 자체를 마케팅 수단으로 활용하기보다는, 철저하게 안경에 대한 고객 욕구에 부응하는 가장 원칙에 충실한 마케팅을 펼쳤다. 안경은 비싸다는 불만에 대해 동일한 품질에 합리적인 가격의 안경을 출시하였고, 온라인 판매를 통해 디자인부터 생산, 유통까지 D2C로 수직 계열화하여 원가를 낮추었다. 또 다양한 디자인의 안경을 비교해 보고 구매하고 싶다는 요구에 대응하여 소비자가 5개를 고르면 5개의 안경을 소비자에게 배달해 주고 5일간 써본 후 결정할 수 있도록 하는 'At home try on'이라는 혁신적인 고객 경험을 제공하였다. 워비파커가 출시한 15개 모델의 안경은 웹사이트를 오픈한 지 이틀 만에 완판되었고, 주문 대기자가 2만 명에 이를 정도로 성황을 이루었다고 한다. 지금은 오프라인 매장이 200여 곳에 이르고 뉴욕증권거래소에 상장하는 등 폭발적인 성장을 지속하고 있다.

워비 파커가 내세웠던 'Buy a pair, Give a pair' 캠페인은 고객이 안경을 구매하면 또 다른 안경 하나를 저소득국가에 기부하는 것이다. 저소득국가에서는 눈이 나빠도 안경을 구매할 수 없어 글을 읽을 수도 없고 사회 활동을 할 수 없어 사회에 도움이 되는 일을 할 수 있는 기회 조차 얻을 수 없기 때문에 더욱 빈곤의 악순환이 지속된다. 워비 파커는 '안경이 삶을 바꾸고 인생을 바꾼다'라는 생각으로 기부활동을 펼쳤으며, 탐스슈즈처럼 단순한 기부 활동에 그친 것이 아니라 저소득층에게 시력검사를 해주고 안경 기술 교육 등 생활을 영위할 수 있도록 실질적 도움을 주었으며, 지역 NGO와 연계하여 의료시스템 확충에 노력하였다는 차이점이 있다.

<표 8-1> 탐스슈즈와 워비파커 차이점 비교

	탐스슈즈	워비파커
창립연도/국가	2006년 / 미국	2010/미국
주요 제품	캔버스 슈즈	안경, 콘택트 렌즈
주요 고객	캐쥬얼패션 선호층	디지털 친화적, 사회적감수성이 높은 밀레니얼 세대
마케팅 전략	• 감성 중심의 스토리텔링 사용. • "신발을 신지 않은 아이들을 도와주세요"라는 슬로건으로 동정심 유발	• 체험중심 디지털 마케팅(at home try on, AR 피팅 등) • 온라인 중심 유통 및 생산 수직 계열화로 원가절감
유통	오프라인	온라인 중심 →오프라인 확장 중
사회적 가치 창출	1:1 기부	지속 가능한 구조적 변화에 집중 (교육, 의료 인프라, 고용 등)
현황 및 평가	• 수요 감소와 기부모델의 한계로 2019년 구조조정 후 매각됨. • '원 포 원' 기부모델 폐지하고, 워비파커의 사례처럼 건강, 인권, 인프라 등 사회적 이슈 해결 모델로 전환할 것으로 예상	• 2021년 뉴욕거래소 상장 • 견고한 브랜드파워로 매출 지속 성장 중 • 수익성 하락은 해결 과제임 • 기술과 건강관리를 통합한 건강관리 종합 플랫폼으로 변신 추구중 • 비영리 NGO와 연계한 지속적인 기부와 사회 인프라 구축 활동 중

탐스슈즈는 고객에게 동정심을 유발하는 감성적 접근에 치중하여 결국 그 기부 자체가 기업의 지속가능성에 의문을 던져주는 결과를 초래했지만, 워비파커는 소비자가 집에서 착용해 본 뒤에 구매하는 서비스를 제공하고, 고품질 합리적 가격이라는 소비자 중심적 활동, 그리고 단순 기부가 아닌 저소득층의 사회 진출을 위한 교육과 인프라를 구축해 주는 데 의미를 두었다. 탐스슈즈는 고객 욕구에 부응하는 신제품 개발 지연 등의 이유로 기업이 어려움을 겪었으나, 지금은 새로운 비즈니스 모델을 수립하고 있으며 단순 기부에서 벗어나 사회 혁신을 위한 모델로 바꾸어 나가는 등 새로운 변신을 추구하는 중이다.

사회적 가치와 기업의 영속성은 상호 충돌의 관계가 아니라 상호 보완적인 관계에 있다. 기업이 사회적 가치를 창출하는 것은 단순한 윤리적 선택이 아닌, 장기적인 기업의 영속과 지속 가능한 성장을 위한 필수 전략이다. 워비파커의 사례에서 알 수 있듯이 마케팅 전략과 사회적 가치 추구 전략이 균형을 이루고, 상호보완적인 기능을 한다면 기업의 영속성과 성장은 충분히 가능하고도 남음이 있다.

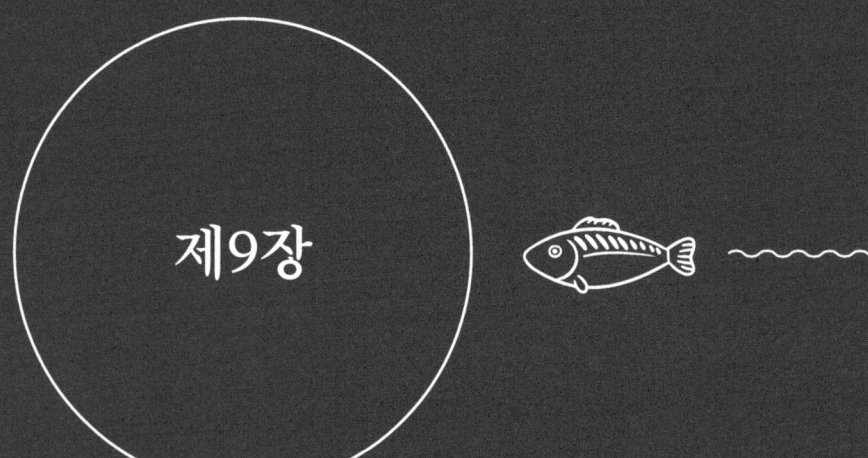

제9장

환경 변화에 대응하는 소기업의 성공전략

최근 트렌드 변화의 다섯 가지 특징

　우리는 제1장에서 환경 변화의 중요성과 함께 환경을 분석하고 대응하는 방법에 대해서 알아보았다. 이를 통해 환경 변화가 기업에 얼마나 중대한 영향을 미치고 있는가에 대해서도 알게 되었지만, 이렇게 중요한 환경 변화에 우리가 얼마나 둔감했고 심지어는 방치하기까지 했었다는 것을 깨닫는 것이 더욱 중요한 일이다.

　변화에 얼마나 잘 대응하느냐에 따라서 기업의 운명이 달라진다. 그래서 마케팅 전략은 우리를 둘러싼 주변 환경을 분석하는 것부터 시작하고, 환경이 변하면 그 변화에 따라 반드시 전략을 수정해야 한다. 그러나 환경이 급

변한다는 것은 귀찮은 일이나 골치 아픈 일이 아니다. 오히려 소규모 기업으로서는 기존 질서가 달라지고 있기 때문에 기회로 작용할 가능성이 크다. 따라서 얼마나 민첩하게 움직여 고객의 욕구를 따라가느냐에 따라 성패가 갈릴 수 있다는 점을 명심해야 한다. 이 장에서는 현대 사회의 환경 변화를 다섯 가지 트렌드로 요약해 보고, 이에 대응할 수 있는 소규모 기업의 전략에는 어떤 것이 있는가에 대해 알아보도록 하자.

최근 변화 가운데 가장 두드러진 트렌드는 **인구 감소**이다. 전체 인구가 감소하면 시장 규모가 축소되고, 시장 규모가 축소되면 경쟁이 더욱 치열해진다. 해외 시장으로 진출할 능력이 있는 기업이라면 그렇게 하는 것이 좋은 대안일 수 있다. 그러나 다수의 소규모 기업은 국내시장에 집중하고 있어 그럴만한 상황이 되지 않은 경우가 많아서 인구 감소에 가장 많은 영향을 받는다.

두 번째 주요 특징으로는 **고객의 욕구가 극도로 다양화**되고 있다는 것이다. 이에 따라 개인주의적인 성향이 두드러지면서 감성화되고, 개인 취향에 따른 소비성향이 강해진다. 극단적으로는 '나만의 것', '나만 갖고 있는 제품'으로 까지 세분되어 가는 경향마저도 보인다. 이런 시장에서는 볼륨 상품은 점점 축소되고, 대량 판매가 이루어지는 시장은 더 이상 존재하지 않게 된다.

세 번째 특징은 **제품 수명주기의 단축**이다. 기술의 발전으로 제품 성능의 평준화가 앞당겨지고, 매일매일 새로운 기능으로 업그레이드한 제품이 시장에 쏟아진다. 한때 시장을 장악했던 제품이나 서비스는 예전만큼 시장을 지배하는 시간이 길지 않다. 편의점에 유통되는 브랜드 가운데 30~60%가 1년 안에 교체된다고도 하니 제품 수명주기가 얼마나 단축되었는지를 짐작하고도 남을 만하다. 이렇게 되면 기업으로서는 항상 새로운 제품을 개발하고 이를 시장에 내놓아야 하는 리스크에 직면하게 된다.

네 번째는 시장에 선보이고 있는 **제품이나 서비스의 종류가 매우 다양할 뿐만 아니라 그 수준은 상향 평준화**되어 있다는 것이다. 기술 발전 및 소비자 욕구의 다양화가 상품의 질을 높였을 뿐만 아니라 선택의 폭도 매우 높여놓는 결과를 초래하였다. 기능도 비슷비슷하고 또 어떤 특징이 있는 상품인지 몰라 무엇을 선택해야 할지 모르는 난처한 상황이 벌어지곤 한다. 그래서 공급자 측면에서는 울며 겨자 먹기로 가격경쟁에 뛰어들기도 한다.

다섯 번째 특징은 **정보의 글로벌화**이다. 인터넷의 발달은 기업의 입장으로 볼 때 기회의 요인이기도 하지만 고객으로서도 훨씬 많은 대안 제품을 찾을 수 있는 장점이 있어, 기회와 위협이라는 양면성을 동시에 가지고 있다. 특히 고객은 국내뿐만 아니라 해외에서도 경쟁 제품을 검색하여 직구를 통해 구매할 수 있으므로 기업으로서는 전 세계가 경쟁자로 확대될 수도 있는 상황에 직면하게 되었다.

트렌드 변화에 대응하는 소기업의 전략

앞에서 트렌드 변화의 특징으로 인구 감소와 노령화, 고객 욕구의 다양화, 제품 수명주기의 단축, 상품 종류의 다양화와 상향평준화, 정보의 글로벌화 등 다섯 가지를 들었다. 이 밖에도 더 다양한 변화의 현상들이 나타나고 있으나, 많은 기업에 공통으로 적용될 수 있으면서 중요한 의미를 내포하고 있는 현상을 위주로 선택하였다. 그럼 이러한 변화에 대응하고 이를 극복할 방법은 무엇이 있을까? 기업마다 처한 상황에 따라 솔루션은 다양하게 나오겠지만 일반적으로 적용할 수 있는 대응법을 위주로 알아보자.

먼저 인구 감소에 대응하는 가장 기본적인 방법은 시장 확대보다는 **기존고객과의 관계를 강화하는 전략으로의 전환**이 필요하다. 다시 말해서 새롭게 신규 고객을 찾기 위한 노력보다는 기존고객의 재방문율, 재구매율, 추천 의향을 높여가는 것이 좋다. 기존고객을 유지하는 비용보다 신규 고객을 유치하는 비용이 최소 3배 이상 많이 들어가기 때문에 비용 측면에서도 훨씬 효율적이라고 할 수 있다. 즉 두꺼운 고객층으로부터 오랫동안 사랑받는 브랜드를 보유한 기업이 생존 가능성이 높아진다.

다음으로 고객 욕구가 매우 세분화하고 다양화하는 현상은 규모가 작은 소기업에 매우 유리하게 작용할 가능성이 있는 변화다. 소기업은 대기업처럼 엄청나게 많은 고객을 상대로 하지 않기 때문에 상대적으로 충성고객을 만들 수 있는 여지가 많다. 이를 위해서는 **독창성에 바탕을 둔 전문화 전략**을 펼치는 것이 좋다. '○○한 사람을 위한 ○○한 브랜드'라는 접근은 특정 고객을 위해서만 설계된 브랜드라는 인식을 심어주기도 한다. 이때는 브랜드 아이덴티티를 스토리와 연계시켜 공감할 수 있는 장치를 마련해주고, 또 고객 커뮤니티를 활성화하여 관계를 지속시키는 방법을 사용하면 좋다.

기술의 발전으로 제품 수명이 짧아지는 현상은 고객과

기업을 이어주는 **대표 브랜드를 육성**하여 대처하는 것이 답이다. 세상에는 이루 다 헤아릴 수 없을 정도로 많은 제품들이 존재한다. 이 모든 제품을 개별 브랜드로 대응한다는 것은 터무니없이 역부족이다. 기업 자체가 브랜드화될 수도 있고 카테고리별로 묶어서 브랜드화하는 방법도 있다. 이렇게 대표 브랜드를 육성하면 신제품이 나올 때마다 밑바닥부터 다시 시작하는 위험이 감소하므로 성공확률은 높아진다. 여기에 브랜드 팬클럽을 보유하고 있기까지 한다면 더 말할 필요가 있겠는가?

강력한 브랜드의 육성은 다양한 상품 종류 및 상향평준화에도 대처가 가능한 최고의 방법이다. 넘쳐나는 상품과 정보에 소비자들은 무엇을 선택해야 할지 망설여지게 되고, 그럴 때는 익숙한 브랜드 혹은 항상 사용하던 브랜드가 최고의 선택 기준이다. 그러므로 브랜드를 육성할 때는 브랜드 신뢰도와 타인에게 추천하고 싶은 의향을 높이는데 항상 주의를 기울여야 한다. 또한 고객의 추천과 경험을 공유하는 고객의 의견이 많을수록 브랜드의 신뢰도는 높아지고, 다른 브랜드로의 유출을 막아주는 브랜드 충성도가 높아진다.

정보의 글로벌화는 언뜻 보기에는 소규모 기업으로서 위험이 되는 요인으로 보일 수 있다. 해외 제품을 인터넷으로 검색해서 저렴한 가격으로 구매할 수 있다는 측면에서 경쟁자로 볼 수 있기 때문이다. 그러나 이것은 수동적인 자세일 뿐이다. 반대로 생각하면 우리의 상품이 해외에 소개되어 새로운 시장을 개척하는 기회가 될 수도 있고, 우리의 제품의 인지도를 높이는 기회로 활용되기 때문이다. TV를 비롯한 대중매체를 활용하여 제품을 알리는 것은 소기업의 입장에서는 꿈도 꾸지 못할 상황인 데 반하여, 인터넷은 상대적으로 수월하게 원하는 고객을 콕 집어 다가갈 수 있게 해주는 매력이 있다. 다만 소규모 기업들은 대중매체든 인터넷 매체든 간에 비용이 많이 든다는 생각 때문에 어려워하는 경향이 있다. 매체를 핸들링하는 것은 돈이 아니라 **창의력**이라는 것은 인터넷 시대에 더 새겨야 할 말이다. 또한 리뷰를 활용하여 호감도를 높이는 것은 인터넷 시대가 소기업에게 주는 선물이라고 할 수 있다.

이상에서 살펴본 트렌드 변화에 대응하는 소기업의 전략에는 그 중심을 관통하는 큰 맥락이 있다. 눈치가 빠른 기업가라면 이미 그 답을 알아챘을 것이다. 그것은 바로 브랜드의 육성이다. 시장 규모가 축소되든, 고객의 욕구가 세분화하든, 상품이 다양화하고 평준화되며 제품 수명이 짧아지든, 정보화로 인해 경쟁 범위가 넓어지든, 어떤 상황에서라도 강력한 브랜드만 가지고 있다면 어떤 변화의 파도라도 극복할 힘을 보유하게 되는 것이다. 그리고 강력한 브랜드 파워의 원천은 바로 다름 아닌 고객에서 나온다는 것을 반드시 기억해야 한다.